青春励志文学馆·少年成长智慧故事

再见吧，拖延症

文祺 段红霞 ◎ 编著

长春

成长寄语

关于"怎样才能获得成功"这个话题，有太多的诠释。无论是勤奋也好，还是聪明也罢，都离不开"行动"二字。"行动法则"是获得成功的最基本法则，离开了这一法则，谁也无法取得成功。什么是"行动法则"？"行动法则"是指只要每天行动一点点，就能获得大成功的法则。

许多人认为成功很难，可成功学家却告诉我们：成功其实不难，不但不难，还很简单。成功的秘诀只在于，每天比别人多行动一点点。只是，多数人都不愿意每天投资5分钟的时间，努力做自己想做的事，努力成为自己想成为的人。

成功学大师奥格·曼狄诺讲过这样一个故事：

曾经有一位63岁的老人，她经过长途跋涉，克服了重重困难，从纽约市步行到了佛罗里达州的迈阿密市。在那儿有位记者采访了她。记者想知道，路途中的艰难是否曾经吓倒过她？她是如何鼓起勇气，徒步旅行的？"走一步路是不需要勇气的。"老人答道，"我所做的就是这样。我每天一步步地努力地朝前走，每天走一点，每天走一点，一步步地走，我就走到了这里。"

做任何事都不要急于求成。一步就到达想要去的地方，做了一件事就想看到成果，是不切实际的。没有一个人是随随便便成功的。只有根据心中的目标，每天努力一点点，每天向前走一点点，不间断，我们才能逐渐地抵达目的地。

在实现目标方面，拿破仑·希尔也信奉"欲速则不达"的格言。他主张采取初级步骤进行活动而不是迈开大步向前。他建议，一个人对于自己的目标，要采取初级递增步骤，而不能追求一蹴而就。

成功与不成功之间的距离，并不是我们所想象的那样是一道巨大的鸿沟。成功与不成功的差别只在一个人每天一些小小的动作里：每天多花5分钟阅读，多打一个电话，多努力一点，表演上多费一点心思，在实验室中多试验一次……成功，就会如期而至。

为自己推托，为自己找借口，这是在拖延时间，久而久之会恶化成毁掉人生的拖延症。想得到一些什么吗？想让自己有所发展和进步吗？想实现心中的目标吗？想成大事吗？如果回答是肯定的，那么，请从现在开始，给自己制定一个合理的目标，然后，每天为它多行动一点点。经过量的积累，你就会在不知不觉中一步步地到达目的地。

有些人看似很幸运，轻轻松松地就取得了成功，其实在幸运的背后依然是"行动法则"在起作用。每天行动一点点，每天才能进步一点点，每天才能向成功靠近一点点。谁努力行动，谁就会成功。再见，拖延症！行动起来，从现在开始！

目录 Contents

第一章 通往成功的路有千万条,行动才是唯一的捷径

行动目标正确,你的努力才值得 …………………………………… 002
认准了需要努力的事情,就不要犹豫 ………………………………… 006
一个人想法再多,不努力行动也是枉然 ……………………………… 009
勇敢地迈出第一步,才是努力的开始 ………………………………… 012
改掉拖延的习惯,通过努力提高行动力 ……………………………… 015
立刻行动起来,但切勿急功近利 ……………………………………… 019

第二章 要想成就大事,先要从小事努力做起

努力多做事,方能至千里 ……………………………………………… 024
从小事努力做起,才能得到发展的机遇 ……………………………… 028
做好每件小事,最终就会做成大事 …………………………………… 031
努力做好简单的事,才能成就不简单 ………………………………… 035
把握好细节,细节决定成败 …………………………………………… 038
从细微处着手,努力提升自身的修养 ………………………………… 042

再见吧,拖延症

第三章 只要努力进取,就会不断进步

每天进步一点点,就是最大的进步 ……………………………………… 046
保持进取精神,才会收获丰硕成果 …………………………………… 049
持之以恒地努力,一次不行就再来一次 ……………………………… 052
避免犯同样的错误,就是一种进步 …………………………………… 056
敢拼搏有胆识,才能使努力更有成效 ………………………………… 059
人生低潮时的鼓励,是努力向上的动力 ……………………………… 062

第四章 按计划去努力,一点一点接近目标

给自己一个梦想,向着梦想进发 ……………………………………… 066
一直努力下去,梦想才能成为现实 …………………………………… 069
没人能随便成功,经历风雨才能见彩虹 ……………………………… 073
学会了忍耐和等待,也就学会了怎样去努力 ………………………… 076
要努力抓住机遇,也要努力创造机遇 ………………………………… 080
每天努力一点点,就会积累大成功 …………………………………… 082

再见吧，拖延症

第五章 不断地努力学习，才能不断地提升自己

善于努力学习的人，生活一定会给他回报 ·················· 086
提升自身素质的同时，要努力提高学习效率 ············· 089
向错误和失败学习，是一种有益的努力 ···················· 092
进行自我反省，努力修正自己 ······································ 095
保持谦虚的心态，才能让自己不断进步 ···················· 099

第六章 吃苦是一种努力，更是一种资本

在苦难中依然努力的人，才会成为强者 ···················· 104
一再努力尝试，失败就会转化为成功 ························ 109
如果跌倒了，就再努力爬起来 ···································· 113
越是身处逆境，越需要努力坚持下去 ························ 116
拿出150%的努力，才能超越别人 ······························· 119

第一章

通往成功的路有千万条，行动才是唯一的捷径

行动起来是一个人努力的最好证明。有想法不行动，想法就失去了意义。一百次心动，不如一次行动。凡是成大事者，都是勤于行动和巧妙行动的大师。通往成功的路有千万条，行动是唯一的捷径。一个人唯有积极行动起来，才算得上是在努力。

行动目标正确,你的努力才值得

要达成伟大的成就,最重要的秘诀在于确定你的目标,然后开始干,采取行动,朝着目标前进。——博恩·崔西

行动力强固然是获取成功的必备能力,但是,如果没有为自己选择一个正确的方向的话,那么,拥有再强的执行力,付出再多的努力也都是枉然。不论事情有多难做,我们都要衡量价值,如果开始目标就错了,那么,你之后所付出的努力都是没有价值的。只有开始的目标与方向正确了,行动才会是正确的,继而付出的努力才是值得的。

哈佛大学有一个著名的关于目标对人生影响的跟踪调查。调查的对象是一群智力、学历、环境等条件都差不多的大学毕业生。其结果是这样的:3%的人,有清晰且长远的目标;10%的人,有清晰但比较短期的目标;60%的人,目标模糊;27%的人,没有目标。

在随后的25年里,他们开始了自己的职业生涯。哈佛再次对这群学生进行了跟踪调查。结果是这样的:3%的人,25年间他们朝着一个方向不懈努力,几乎都成为社会各界的成功人士,其中不乏行业领袖、社会精英;10%的人,他们的短期目标不断地实现,他们成为各个领域中的专业人士,大都生活在社会的中上层；60%的人，他们安稳地生活与工作，但都没有什么特别的成绩，几乎都生活在社会的中下层；剩下27%的人，他们的生活没有目标，过得很不如意，并且常常抱怨他人，抱怨社会，抱怨这个"不肯给他们机会"的世界。

从上面这份调查结果，我们可以看出，他们之间的差别仅仅在于：25年前，他们中的一些人知道自己到底要做什么，而另一些人则不清楚或不是很清楚。

目标像分水岭一样，能轻而易举地把资质相似的人分成少数的精英和多数的平庸之辈，前者主宰着自己的命运，后者却随波逐流，枉度一生。可见，确定一个正确而清晰的目标，对我们来说是多么的重要。是否确定了一个正确的目标，决定着一个人的努力是否会取得成效，决定着一个人的努力会带来怎样的结果。

一位父亲带着三个儿子到草原上猎杀野兔。

到达了目的地，一切也准备得当，在开始行动之前，父亲向三个儿子提出了一个问题："你们看到了什么？"

老大回答道："我看到了我们手里的猎枪，在草原上奔跑的野兔，还有一望无际的草原。"

父亲摇摇头说："不对。"

老二回答说："我看到了爸爸、大哥、弟弟、猎枪、野兔，还有茫茫无际的草原。"

父亲又摇摇头说："不对。"

而老三的回答只有一句话："我只看到了野兔。"

这时父亲才说："你答对了。"

明确的目标会为我们的行动指明正确的方向，使我们在实现目标的道路上少走弯路。事实上，目标不合理、漫无目标或目标过多都会阻碍我们前进，使我们所付出的努力白费。从上面的故事中，我们可以知道，三兄弟的努力可以换来野兔的一定是老三，因为他的目标最清晰、最准确。因此，在生活和工作中，给自己制定一个正确的目标是有必要的。

那么，制定一个正确的目标需要注意哪些方面呢？

首先，目标必须合理。在制定目标时，大目标要高于自己现有的能力，分解后的小目标却要合理。例如，一个学生一节课能背50个英语单词，那就不要给自己定下一节课背500个单词的目标，因为，这远远超出了他的能力范围，根本不可能实现；也不要定下一节课背10个单词的目标，因为这浪费了他的潜力。

其次，目标必须具体。例如，"我想考上大学"此类的目标都是不明确的。究竟想考什么样的大学？重点、本科，还是专科？是什么专业？等等，这些都必须预先弄清楚。目标越具体，心里就越有底，目标就越容易实现。

再次，目标必须限时完成。从严格意义上讲，没有时间期限的目标等于没有目标，它只是一个梦想，

因为它无法衡量进度，也无法衡量结果。没有时间期限的目标会让人今天拖到明天，明天拖到后天；今年拖到明年，明年拖到后年，会一直拖到放弃。

此外，目标必须分解到今天。大目标必须分解到今天，分解到现在，分解到自己现在应该做什么。不要下了很大的决心，从下周开始，从下个月开始，甚至从明年开始。如果从80岁开始，那什么都不要做了。

不要总是像无头苍蝇一样到处乱转，如果能提前做好打算，为何还要让自己的努力付诸东流呢？有句话说："对于一艘没有航向的船只，任何方向的风都是多余的。"这句话告诉我们，如果你还没有明确的人生目标，那么就应该把它明确下来。因为只有目标正确，我们所付出的行动和努力，才会收到事半功倍的效果。

成 长 智 慧

想要努力做成一件事，行动是必不可少的，但如果想要把一件事做对、做好，而不白白浪费一番努力，就必须要树立正确的目标。在正确目标的引导下，积极行动起来，我们才会在努力之后真正地实现目标。

认准了需要努力的事情,就不要犹豫

有时命运的戏谑就在于,你一直犹豫不决,等到终于下定决心,已经到了谢幕的时间。——杨澜

生活中没有 100% 稳赢的事情,只要有 50% 稳赢的概率就应该赶快付出努力,拿出行动,而不要犹豫不定。做生意、创业、投资都不是问题,只要下定决心、学好模式、用好技能、克服恐惧和障碍心理,看准了就采取行动,那么,我们就有了努力后获得成功的机会。

然而,在生活中,有很多人做事总是拿不定主意,失去了许多取得成功的机会,这都是他们心中的犹豫在起破坏作用。犹豫是一种不好的恶习。为什么这么说呢?一起来看看下面这个故事。

一个智商一流、持有大学文凭的才子决定做生意。

有朋友建议他炒股票,他豪情冲天,但去办股东卡时,他却开始犹豫道:"炒股有风险啊,等等再说吧!"又有一位朋友建议他到夜校兼职讲课,他很有兴趣,但快到上课的时间了,他又开始犹豫:"讲一堂课才 80 元钱,没有什么意思。"

才子很有天分,却一直在犹豫中过着每一天。两三年过去了,他一直碌碌无为。

有一天，才子回家乡探亲，路过一片苹果园，望见长势喜人的苹果树。他禁不住感叹道："上天给予了这个主人一块多么肥沃的土地啊！"种树人一听，很生气地对他说："那你也来看看上帝是怎样在这里耕耘的吧！"听到这句话后，才子才恍然间有所觉悟。

世界上有很多人光说不做，总在犹豫；有不少人只做不说，总在耕耘。要明白，成功与收获总是光顾有了成熟的方法并且付诸努力的人。才子空有一身才学，却不懂得合理地运用，还总是对萌生的想法犹豫不定，迟迟拿不出行动来。有这种恶习的人，很难做成大事。

曾有人做过一个总结，说各行业中首屈一指的成功人士都有一个共同的优点，那就是：他们办事言出即行，绝不犹豫，此种能力会取代智力、才能和社交能力，来决定一个人的收入和财富的增长速度。虽然这个观念很简单，但在生活和工作中，不善于取得成果的人总是缺乏这些的。我们常常会看到很多自恃有才的人抱怨自己"怀才不遇"，可是，平心静气地想一想，这样的场面是否似曾相识：很多的书应该读，很多的准备工作应该做，很多的交易应该立即执行，可是到头来却总是没能采取行动，以至于浪费了大把宝贵的时间，错过了一次又一次的良机。

因此，困扰我们的并不是没有机会让我们施展才华，而是不知道努力，总是犹豫不定。那么，如何才能够培养立即行动的习惯，改掉犹豫的恶习呢？可以从以下几个方面去做：

首先，记住，想法本身不能带来成功。想法是很重要，但是，它只有在被执行后才有价值。一个被付诸行动的普通想法，要比一打被放着改天再说或等待好时机的好想法来得更有价值。如果你有一个觉得真的很不错的想法，那就为它做点什么。

其次，用行动克服恐惧、担心。不知你有没有注意到，公共演讲最困难的部分就是等待自己上台演讲的过程。即使专业的演讲者也会有上台前焦虑担心的经历，但是一旦开始演讲，恐惧就消失了。要知道，行动是治疗恐惧的最佳方法。万事开头难。一旦行动起来，你就会建立起自信，事情也会变得简单了。

再次，积极发挥你的创造力。我们对创造性工作最大的误解，就是认为只有灵感来了才能工作。万不可机械地等待灵感光临，与其等待，不如积极发挥你的创造力。

通过上述方法，就能变被动为主动，从而可以为自己捕捉到成功的机会。

成长智慧

认准了的事情，就不要优柔寡断；选准了一个方向，就只管上路，不要回头。要知道，机遇就像闪电，只有快速果断，才能将它捕获。立即行动是成功人士共同的特质。如果你有好的想法，就应该立即行动；如果你遇到了一个好的机遇，就立即抓住它。只有行动起来，成功才会成为可能。

一个人想法再多，不努力行动也是枉然

> 那种一味期待而从不行动的人们，是滋生瘟疫的温床。——布莱克

行动就是力量，唯有努力行动才可以改变一个人的命运。十个空洞的幻想远远比不上一个实际的努力后的行动。在生活中，我们总是在憧憬，有计划而不去执行，其结果只能是一无所有。成功，不仅要有想法，而且更要努力把它变为现实。

无论是过去还是现在，许多成功人士在工作中都充满活力，他们以常人罕见的激情和热情努力地投入工作，为自己执着追求的事业而献身。

那些有雄心成大事的人，不会等到精神好的时候才做事，而是努力推动自己的精神去做事。

"现在"这个词对成功的妙用是无穷的，而"明天""下个礼拜""以后""将来"或"有一天"，往往就是"永远做不到"的同义词。有很多好计划没有实现，就是因为应该说"我现在就做，马上开始"的时候，却说了"我将来有一天会开始做。"

我们用储蓄的例子来说明这个问题。人人都认为储蓄是件好事。虽然它很好，却不表示人人都会依据储蓄计划去做；许多人都想储蓄，只有少数人才能真正做到它。

这是一对年轻夫妇的储蓄经过。毕尔先生每个月的收入是

1000美元,但是,每个月的开销也要1000美元,收支刚好相抵。夫妇俩都很想储蓄,但往往又会找很多理由使之无法开始。他们说了好几年:"加薪以后马上开始存钱。""分期付款还清以后就开始存钱。""渡过这个难关以后就开始存钱。""下个月就开始存钱。""明年就开始存钱。"

最后,他的太太珍妮不想再拖下去,于是就对毕尔说:"你好好想想看,到底要不要存钱?"他说:"当然要啊!但是现在省不下钱呀!"

珍妮这一次下定了决心。她说:"我们想要存钱已经想了好几年了,由于一直认为省不下钱,才没有储蓄,从现在起我们开始储蓄。前两天我看到一个广告说,如果每个月存100美元,15年以后就有18000美元,外加6600美元的利息。广告又说:'先存钱,再花钱'比'先花钱,再存钱'容易得多。如果你真想储蓄,就把薪水的10%存起来,不可移作他用。我们说不定要靠饼干和牛奶过到月底,但只要我们真的想存钱,就一定可以办到。"

这对夫妻为了存钱,刚开始几个月吃尽了苦头,他们尽量节省才留出一笔预算。再后来,他们越来越觉得"存钱跟花钱一样的好玩。"很多事情其实并没有我们想象的那么困难,只要努力行动,其实就可以做到,关键就在于我们是否"努力做"了。

想不想写信给一个远方的朋友,如果想,现在就去写;有没有想到一个对生意大有帮助的计划,如果有,马上就开始做。时时刻刻记着本杰明·富兰克林的话:"今天可以做完的事不要拖到明天。"这也是俗话所说的:"今日事,今日毕。"

如果你时时想到"现在",那么你就会完成许多事情;如果你常想着"将来有一天"或"将来什么时候",那么你就会一事无成。其实,真正的天才与白痴都是极少数的,绝大多数人的智力水平都是不相上下的。然而,有的人成就显著,有的人却碌碌无为。原本智力水平相近的一群人,成就却有着天壤之别,要知道,有成就的人与平庸之辈最根本的差别并不在于天赋,也不在于机遇,而在于有无奋斗目标、有没有为实现目标而努力付出的精神。对于那些没有目标没有行动的人来说,岁月的流逝只意味着年龄的增长,平庸的人只是在日复一日、年复一年地重复自己。

诚然,条件成熟是成功的前提,但这并不是说等条件成熟了才能行动。坐等机会,只会虚度时光,要知道机会完全是可以由自己创造的。不要在想象中浪费时间了,要想使自己有所收获,我们就必须拿出实际行动来,每一天都努力。

成 长 智 慧

一个只知道空想的人,如果不付诸行动,那么,永远都不可能梦想成真。对一件事有计划、有目标当然是需要的,但要想使计划、目标成为现实,就必须付出行动。要记住:想法再多,都比不上一个行动更具有现实意义。

勇敢地迈出第一步,才是努力的开始

名人名言

> 现实是此岸,理想是彼岸,中间隔着湍急的河流,行动则是架在川上的桥梁。——克雷洛夫

对于自己从未做过而又十分想做的事情,相信每个人都有想去实践它的冲动,但事实是,并不是所有人都敢于付诸行动。因为,在很多人心中总有一种思维定式在左右着他们的行为,他们一直徘徊在自己设置的那扇门外,并且饱受门外的寒冷和痛苦,就是没有勇气伸手推一下那扇门。其实,他们并不知道那扇门到底是不是锁着的,只要敢于伸手推一下,也许他们就能进入房子并且享受它的温暖和舒适。然而,在现实生活和工作中,在面对一些具有挑战性的事情时,他们却总是在这样的情形下使自己备受煎熬。

在生活和工作中,敢于尝试,敢于迈出第一步,是一个人努力的开始,是取得成功的关键。

人开始学走路时,第一步是最难迈出的;学习上,第一个字是最难学的;经商时,第一个一万元是最难挣的,等等。所以,人们常说:"万事开头难。"但是如果不迈出第一步,怎么能学会走路?如果不迈出第一步,怎么就知道自己不会成功?勇敢地迈出第一步,努力尝试,即使失败,也是成功的开始。勇敢迈出第一步的人，总不会失望而归。畏首畏尾，胆小怕事，终不能成大事。只有勇于开拓、永远走在最前面的人，才是真正的英雄。

万事开头难。想有结果必须有开始，想有结局必须有开局，想有结尾必须有开头，想开头必须得受难。吃过苦，受过难，好事开了头才会发展，再渐渐到高潮就是成功了。

相反，一个人怕难怕苦注定会一无所成。从古到今，每一个成功者的背后都有自己默默忍受的苦和难。

例如，经商开头难。生意一开始不红火，也要坚持做下去，寻求更好的方式赢得信任和声誉。大家都知道你了，生意慢慢就好干了。

再如，学开车时开头也难。刚开车时，人们往往不知怎么操作，手忙脚乱的。但别怕难，只要迎难而上，当对操作都熟悉了时，你就会了；初次上路，如果后面有人按喇叭更不知怎么开了，不要紧只要坚持下去，慢慢就会适应的。

我们在为明天努力的过程中，想要成功，想要有所得，就要勇敢地迈出自己的第一步，不要找任何让自己停顿的理由。不要等沿途的绿灯都亮了才上路，那样将永远都上不了路，永远也得不到想要的东西。

无论什么时候，当我们想要得到一些东西时，就要像小时候学走路一样，要勇敢地迈出第一步，敢于突破第一道防线。第一步是最关键也是最困难的。因为，当准备迈出第一步时，我们并不知道接下来会发生什么，但当努力迈出了第一步，接下来的动作随着环境、时间、思维等的变化自然而然地也就形成了，经过一段时间对这个技能或事情的熟悉、了解、适应、思考、创造，慢慢地就有了第二步、第三步、第四步、第五步……最后，我们也就拥有了理想中的技能或成就。记住：只有勇敢地迈出第一步，才是努力的开始。

成 长 智 慧

很多人之所以不成功，是因为没有勇气迈出第一步，或者是懒于迈出第一步。这个"第一步"就是成功的第一道防线。只要敢于突破第一道防线，每天向目标迈出一点点，持之以恒，就能大有收获。

改掉拖延的习惯,通过努力提高行动力

行动之前必须充分地酝酿;一旦定下决心,就应该果敢行动。——萨卢斯特

在日常生活和工作中,我们可以看到很多"行动的矮子"。虽然他们的想法很多,但总是不见其行动,他们要么是武断地认为某件事根本不可能有结果,要么就说行动的时机还没有到来,总之,他们会为自己的拖延找到千百种借口。

拖延是一种恶习,这种恶习会给我们的工作、生活增加沉重的负担。一件事,如果一天没有把它解决掉,拖了十天,每天都要惦记这件事,这件事就变成了十件事。如果每天脑子里都有一堆该完成而没有完成的事,想象一下这样的生活对一个人来说该是多么的混乱。正如哲人所说的那样"拖延并不能使问题消失,也不能使解决问题变得容易起来"或"我们没解决的问题,会由小变大、由简单变复杂,像滚雪球那样越滚越大"。即使不会越来越难,也常常会打乱其他的工作、学习、生活计划,甚至还会影响到一个人的诚信问题,忠诚和敬业随之而来也都被掩盖在拖延之下,而且,没有一个人会为你承担拖延的损失,任何损失只能由自己承担。

张某在上班途中,信誓旦旦地下定决心,一到办公室即着手

草拟下年度的部门预算。他于九点整准时走进办公室，但他并没有立刻开始预算草拟工作，因为他突然想到不如先将办公桌及办公室整理一下。他花了三十分钟的时间，使办公环境变得干净整洁。接下来，他随手点了一支香烟，稍作休息。此时，他无意中发现报纸上的彩图照片是自己喜欢的一位明星，于是又情不自禁地拿起了报纸。

等他把报纸放回报架，时间又过了十分钟。这时，他才开始感到有些不自在了，因为自己预定的时间已经不是很多了，于是他正襟危坐地准备埋头工作。就在这个时候，电话响了，是一位顾客的投诉电话，他连解释带赔罪地用了二十分钟的时间才使对方平息了怒气。挂上电话，他去了趟洗手间。在回办公室的途中，

他又闻到咖啡的香味，另一部门的同事正在享受"上午茶"，热情地邀请他加入。

他心里想，刚费心思处理了投诉电话，一时也进入不了工作状态，而且预算的草拟是一件颇费心思的工作，头脑不清醒的情况下，难以完成，于是，他便欣然地应邀加入了。回到办公室后，他感到精神饱满，满以为可以开始工作了，可是一看表，已经十点四十五了，距离十一点的部门例会只剩下十五分钟。他想，反正在这么短的时间内也不太适合做比较庞大耗时的工作，干脆把草拟预算的工作留待明天算了。

"明日复明日，明日何其多；我生待明日，万事成蹉跎。"张某身上有许多拖延者的影子。养成拖延的恶习，终将办不成大事。拖延的代价对于我们来说，是巨大的。莎士比亚曾说："放弃时间的人，时间也会放弃他。"如果放弃了自己的时间，那么结果就是无限制的恶性循环，如果不懂得及时醒悟，后果其实每个人心里都十分清楚。

一位人力资源部经理，在新到一个公司时，大谈特谈公司的岗位职责和管理制度是如何的不够规范，并且信誓旦旦地要为所在的公司建立一套规范的管理制度，但事隔一年，他还没有将制度建立起来。高层领导为此十分不满，问其原因，他说自己每天都陷入一些琐碎的事务当中，根本没有时间考虑制度化建设的问题。这种毫无说服力的借口，使他失去了自己的职务。

拿破仑·希尔说："不管我们是谁，或者我们从事何种职业，我们都是自身习惯的受益者或受害者。"这句话在实践中被千百万人所验证，而且每一个人在今后的人生道路上还将继续验证并体会其中的深意。我们将来会获得怎样的成就，是否会拥有巨大的财富……所有这些结果，都由自己种下的种子决定。

故事中的张某与人力资源部经理，他们都希望自己有所作为，有所成就，但因为拖延，使自己的工作陷入混乱。要知道，要想让自己的计划得以实现，就必须通过努力提高自己的行动力。

因此，无论是经商或是工作或是做其他事情，都应以"凡事拒绝拖延，现在开始行动"这句话随时地提醒自己。特别是当有一件事情我们终究得做的时候，更不应该再反复地问自己"我要做它吗？"因为问题的答案已经是确定的，我们当下应该做的事情就是将完成的期限写在笔记本上，然后通过努力尽快地完成它。这样一来，不仅克服了拖延的习惯，而且还提高了自身的行动能力。

成 长 智 慧

阻碍行动的，往往是心理上的障碍和思想中的顽石，而不是事情本来有多么的困难。记住：没有行动，一切想法都是空谈，拖延时间更会使人止步不前，事情丝毫没有进展。相反，如果认为一件事情值得做，不要拖延时间，并且立刻行动，那么就能够做好自己想要做的事。

立刻行动起来，但切勿急功近利

> 最容易犯错误的，是那些仅仅根据自己的想法去行动的人。
>
> ——沃维纳格

拿破仑说："不想当将军的士兵不是好士兵。"的确，向往成功、追求发展是每个人的目标。可是，追求发展并不只在于"敢于追求"，还必须要建立在自身能力的基础之上。许多人在努力追求梦想的过程中，为了能够迅速攀到"顶峰"，常常会产生一些急功近利的错误想法，在这种想法的指导下，再多的努力往往都事与愿违。

有很强的行动力固然是值得夸赞的，但切勿急功近利，否则，最后只能是碰壁。

例如，很多刚刚进入职场的新人，总觉得单位对自己不够重视，在很多方面没有为自己着想，自恃各方面的条件都不错，在薪酬、工作环境、重视程度等方面要求过高，做出了有失偏颇之举。要知道，这种以自我为中心、个人至上的思想，实际上是人为地在自己和用人单位之间设置了一道难以跨越的鸿沟。其实，作为职场新人，也要考虑一下你为单位付出了多少，为单位赢得了多少利益，你的付出是否与你得到的成正比，综合考虑之后，再提出合理的要求。千万不要急功近利，盲目攀比，陷入过分追逐升职加薪的误区。

再见吧，拖延症

一只海狐告诉海马，很远的一座岛上有一座金山。海马们立刻行动，决定去寻找那座金山。

有一个年轻的海马，它变卖了全部的家当，换来了八个金币。它觉得自己比那些老海马游得慢，就用四个金币买下鳗鱼背上的鳍。于是，它的速度比那些老海马快了许多。后来，它又看见一只快艇，它便用剩余的四个金币买了一个小艇。结果，它的速度比以前快了许多倍。年轻的海马把同伴们远远地甩在后面，它第一个看见了那座海岛。就在它即将踏上岛的时候，一条大鲨鱼突然出现在它的面前，鲨鱼一脸凶相地张着大嘴，向它扑来。海马慌忙跳进海里逃命，只扑腾了几下，就被鲨鱼吞进了肚里。后面的海马见到此景，连忙往回游逃命，因为距离鲨鱼较远，所以得以逃生。

在追求成功的路上，自己努力快一点、再快一点有时候是一件很危险的事情。年轻的海马就是因为太心急，太急功近利，结果失去了自己的性命。这样的努力实在是不值得。

急功近利，顾名思义是指把一时的得失看得过重，所有思路和工作都围绕着一个近期的目标，为了眼前的利益而忽略或者是放弃了长远的利益。

有一个农夫，在地里种下两棵同样大小的树苗。第一棵树苗决心长成一棵参天大树，所以它拼命地从地下吸收养料，用以滋润自己的每一个细胞，它盘算着怎样向上生长，完善自身。由于这个原因，在最初的几年，它并没有结果实，这让农夫很恼火。相反，另一棵树苗同样也拼命地从地下吸取养料，它很早就开花结果了。农夫很欣赏它，并经常浇灌它。

时光飞逝，那棵久不开花的大树由于身强体壮，养分充足，终于结出了又大又甜的果实；而那棵过早开花结果的树，却由于还未成熟，便承担了开花结果的任务，所以，结出的果实苦涩难吃，并不讨人喜欢，并且自己也因此累弯了腰。农夫叹了口气，只能用斧头将它砍倒，当柴烧了。

一个人在努力做事时急于求成的结果，只能是以失败而告终。所以，在努力行动的同时，还需要把眼光放远，只有注重自身知识的积累，厚积薄发，结果才会水到渠成。

周大福珠宝、香港会议展览中心、香港君悦酒店、北京新世界中心，这些看似毫无联系的名词却与一个人的名字有关，那就是郑裕彤。

从金铺打工仔到香港新世界集团创始人，郑裕彤被称为香港的超级富豪。很多人都说他运气好，他自己却说他的成功源于勤奋。郑裕彤是怎样把自己的事业做得如此不凡呢？

从20世纪50年代起，郑裕彤就小试牛刀，他投资了跑马地的蓝塘别墅和兴建了香港大厦，并打下了大规模发展的基础。20世纪70年代，郑裕彤开始在地产业中放手拼搏。首先他在尖沙咀兴建香港新世界中心。20世纪80年代，他又投资兴建香港会议展览中心。

看到新世界旗下的酒店和香港会议展览中心为郑裕彤带来的巨额财富，很多人都说，郑裕彤的成功是胆大、冒险、快速赚钱的结果，但是郑裕彤却并不这样认为，他说："我不喜欢立刻就能赚钱，而且赚得很多的项目。钱赚得越快，风险越大，这是一定的。""我做每一件事都是看透了才做的，不是急功近利的。"

郑裕彤的成功理所应当。不急功近利,看透了才做,这样的人一定会把小事做大,大事做强。

在努力发展的过程中,急于求成的心情是可以理解的,急于求成的愿望也是善良的,甚至急于求成的方法也是负责任的,但是,一定要清楚:急于求成的结果并不一定是好的。努力中急于求成会使人犯急躁冒进的毛病,还可能会做出违背规律的事情。记住:无论在何种情况下,目标需要行动,但不能急功近利。只有这样,每一天的努力才会有收获和进步。

成 长 智 慧

欲速则不达。做一件事,为了摆脱眼前的状况,不顾未来的利益;为了求得一时的痛快,而以长远的痛苦为砝码,这是得不偿失的。只有不急功近利,既着眼未来,又脚踏实地,才是最有效、最睿智的做事方法和成功法则。

第二章

要想成就大事，先要从小事努力做起

"万丈高楼平地起。""海不择细流，故能成其大。山不拒细壤，方能就其高。"每个人的成功都不是一蹴而就的，而是由很多小事和时间慢慢累积起来的。一个人想要做成一件大事，就不能看不起身边的那些小事。记住：只有每天努力一点点，把小事做好，把底子打牢，将来才能成就大事。

再见吧,拖延症

努力多做事,方能至千里

认真做事只是把事情做对,用心做事才能把事情做好。——李素丽

"不积跬步,无以至千里。"这句话的意思是说,千里之遥是靠一步一步的努力走出来的,没有一小步一小步的努力积累,是不可能走完千里的。引申开来,就是我们在做事时,只有脚踏实地,一步一个脚印,不畏艰难,不怕险阻,坚韧不拔地走下去,才能最终到达目的地。

来看看下面这个故事。

大学刚毕业,强被分配到一个偏远的林区小镇当教师,工资低得可怜。其实,强有不少优势,他不仅教学基本功好,而且还擅长写作。于是,强开始一边抱怨命运不公,一边羡慕那些拥有体面工作、拿优厚薪水的同窗。这样一来,他不仅对工作没了热情,而且连写作也没了兴趣。强整天琢磨着跳槽,幻想能有机会调换一个好的工作,拿一份优厚的报酬。然而,那天发生在他身边的一件微不足道的小事,却改变了强的想法。

那天学校开运动会,前来观看的人特别多,小小的操场四周很快就被围得水泄不通。他去晚了,站在人墙后面,踮脚也看不到里面热闹的情景。正在这时,身旁一个很矮的小男孩吸引了他的视线。只见他一趟趟地从不远处搬来砖头,在那厚厚的人墙后面,耐心地垒着一个台子,一层层,足有半米高。强不知道小男孩垒这个台子花了多长时间,但他登上自己垒起的那个台子时,他笑得很开心,很灿烂,那是男孩一步步达到目标的喜悦之情。

刹那间,强的心震撼了——多么简单的事情:要想越过密密的人墙看到精彩的比赛,只要在脚下努力地多垫些砖头就行了。

只要是工作过的人都会有这样的感慨:在事业刚起步阶段,我们可能会被分派到与自己的能力和经验相称的工作岗位,直到我们向团体证明了自己的价值,才能渐渐被委以重任和被分配更多的工作。是的,没有人可以一下子获得自己想要的东西,任何事,任何人,都是靠一步一步努力才达到目标的。

在太平洋两岸的日本和美国,有两个年轻人分别为自己的人生努力着。

日本人每月雷打不动地坚持把工资和奖金的三分之一存入银行,尽管许多时候他这样做会让自己手头拮据,但他仍咬牙照存不误。有时他甚至借钱维持生计,也从来不去动银行里的存款。

相比之下,美国人的情况更糟糕。他整天躲在狭小的地下室里,将数百万根的K线(绘制图表时的一种画法)一根根地画到纸上,贴到墙上,接下来便对这些K线静静地思索,有时他甚至能面对着一张K线图发几个小时的呆。后来,他干脆把自美国证券市场有史以来的纪录搜集到一起,在那些杂乱无章的数据中寻找规律性的东西。由于没有客户挣不到薪金,许多时候,这个美国人不得不靠朋友的接济勉强度日。这样的情况在两个年轻人的世界里各自延续了6年。

6年的时光里,日本人靠自己的勤俭积蓄了5万美元的存款;

美国人集中研究了美国证券市场的走势与古老数学、几何学和星象学的关系。

6年后,日本人用自己在艰苦的岁月里仍节衣缩食积累财富的经历打动了一名银行家。他从银行家那儿获得了创业所需的100万美元的贷款,创立了麦当劳在日本的第一家分公司,从而成为麦当劳日本连锁公司的掌门人。他叫藤田田。

同样是在6年后,美国人成立了自己的经纪公司,并发现了最重要的有关证券市场发展趋势的预测方法,他把这一方法命名为"控制时间因素"。他在金融投资生涯中赚取了5亿美元的财富,成为华尔街上靠研究理论而白手起家的神话人物。他叫威廉·江恩,世界证券行业尽人皆知的最重要的"波浪理论"的创始人。

藤田田靠节衣缩食攒钱起家,江恩靠研究K线理论致富。这两个看似风马牛不相及的故事中却蕴含着一个相同的道理:许多成就大事业的人,他们同样是在一点一滴的努力中创造和积累着成功所需的条件。

在现实生活中,每个人都有梦想,都渴望成功,然而,志大

才疏往往是一个人成功的最大障碍。他们看到的只是成功人士功成名就时的辉煌,而忽略了他们在此之前所进行的艰苦努力。要知道:没有一蹴而就的成功,一个人只有通过不断的努力才能凝聚起改变自身命运的爆发力。藤田田和威廉·江恩通过自己的努力取得了令人羡慕的成绩,我们一点点地努力做事,也能让自己成为一个不平凡的人。

成 长 智 慧

做一件事情时,如果我们能每天努力一点点,持之以恒,那么就能变平庸为神奇,掌握成功的钥匙,实现人生的价值,创造辉煌的业绩。

从小事努力做起，才能得到发展的机遇

如果你在小事上苟且，那么你在大事上、你在一生中一定也是一个苟且的人。——李亦非

一位智者曾说过这样一段话，他说："不会做小事的人，很难相信他会做成什么大事，一个做大事的人，其成就感和自信心都是由小事的成就感积累起来的。可惜的是，平常人往往忽视它，让那些小事擦肩而过。"的确，生活中有许多这样的人，这也是许多人始终都没有得到发展机遇的原因。

我们来看下面这个故事。

汤姆是一个有着极强的个人欲望的人。他总希望自己能够尽快取得惊人的突破，写出划时代的论文或著作，以跻身于科学家之林，而且他也一直坚信自己的想法是高尚的、无可指责的。因为，他认为，有威望的大科学家是国家和民族的骄傲。此外，他觉得自己具备这方面的条件与能力，只要上司能把他安排到合适的岗位，充分信任和理解他，要想取得重大突破，虽然不是一件很容易的事，却也并不困难，只不过是时间的问题。

由于汤姆总自以为是，不认真研究自己行动的真实性与可行性，结果，尽管上司替他三次调动工作岗位，最后汤姆依然是到一处烦一处，走一处闹一处。因为，在他看来，让他拿烧瓶、烧杯，搞测量记录纯属大材小用。

单位里有很多已经在科学战线上苦苦奋斗了几十年，目前两鬓染霜，成果累累（当然不是汤姆所设想的那种震惊世界之作）的老专家，他们依然默默地重复着在汤姆看来"没什么意思"的平凡工作。科学最讲究认真和不浮夸，任何重大的发明与突破，都离不开一点一滴的日常实验积累。成功只能孕育于千万滴汗水与千百次失败之中，而不可能出现在天才的梦想之中。这些十分简单、明显的道理，在汤姆看来都是老生常谈，他认为这是扼杀他这样一个天才的借口。

由于他的要求无法得到满足，上司的多次引导与解释又都被他认为是压制新生力量，甚至是笑里藏刀，纯属另一种形式的打击报复，使他没什么发展机遇，于是，最后他不得不离开那个地方，到另一个可以施展才华的新研究机构去了。也许他认为，只有那些可以一展才华的地方才是他应该待的地方，但最后的事实是，他还是老样子。

一个人，若能一心一意地努力把每一件小事做好，那么就没有做不好、做不成的事。不要总是有"勿以善小而不为，勿以恶小而为之"的想法。要知道，小事于细微处见精神，有做小事的精神，就能产生做大事的气魄。要记住，只要有益于工作，有益于事业，人人都应从小事做起。用小事堆砌起来的事业大厦才是最坚固的，用小事堆砌起来的工作长城才是最牢靠的。像汤姆这样不屑于小事的例子，在生活和工作中数不胜数，也正是因为这样，生活中才有了平凡与著名、贫穷与富有之别。

法国银行大王恰科在读书期间，就有志于在银行界谋职。可是，当他去银行求职时，却接二连三地碰壁，但他在银行谋职的决心始终没有变，他一如既往地去银行求职。

那天，他再一次来到了那家最好的银行，胆大妄为地直接找到了董事长,并希望董事长能给他安排一个职位。然而,他与董事长一见面,就被拒绝了。这对恰科来说,已是第12次遭到拒绝了。当恰科再一次失魂落魄地走出银行时,他看见银行大门前的地面上有一根大头针,便随手弯腰把大头针拾了起来。就是这个在别人看来微不足道的小事,却成就了他一生的成功。就在他默默蹲下身子去拾大头针时,被那家银行的董事长看见了,董事长认为如此精细小心的人,很适合当银行职员,所以,董事长改变了自己最初的主意任用了他。恰科是一个对一根针都不会粗心大意的人,因此,他在法国银行界平步青云,最终功成名就。

弯下腰去捡一根大头针是举手之劳的事情,但是,并不是所有的人都能做到。也许你不会,所以你还是平凡的你,但是,恰科去捡了,结果恰科成功了。

于细处可见不凡,于瞬间可见永恒;于滴水可见太阳,于小草可见春天。只有从小事努力做起,把每一件小事都做好,才会有更多的发展机遇。

"无视小事,让人误大事;留意小事,让人成大事。"我们应该记住这则做人做事的良言,努力做好生活和工作中的每一件小事。

成长智慧

在做一件事情时,切莫轻视细节和小事。因为,事物都有一个由量变到质变的过程。我们要从身边的小事努力做起,只有把每一件小事做好,才会有更多的发展机遇。

做好每件小事，最终就会做成大事

名人名言

要成就一件大事业，必须从小事做起。——列宁

大文豪伏尔泰曾说过："使人疲惫的不是远方的高山，而是鞋里的一粒沙子。"美国质量管理专家菲利普·克劳斯比也曾说："一个由数以百万计的个人行动所构成的公司经不起其中1%或2%的行为偏离正规。"而老子有云："天下大事，必作于细；天下难事，必作于易。"这些都说明，大事是始于小事的。

好高骛远的人容易在人生道路上犯大错误。没有一个人可以不经过程而直达终点，不从卑俗而直达高雅，舍弃细小而直达广博，跳过近前而直达远方。胸怀壮志、目标远大固然不错，但目标好像靶子，必须在有效的射程之内才有意义，如果目标与自己的实际情况相差甚远，反而无益于进步。同时，有了目标，还要为目标付出努力，如果只是空怀大志，而不愿为理想的实现付出辛勤劳动，那理想只能是空中楼阁，没有任何现实意义。

许多人都在寻找发挥自己本领的机会，他们在工作面前，常常会问自己："做这种平凡乏味的工作，能有什么出息呢？能有多大希望呢？"但就是在极其平凡的工作中,在极其低微的位置上，往往蕴藏着极大的机会。

有一位农民进山劳动时，捡到几只野鸡蛋，便将"蛋生鸡，

鸡生蛋"的财富梦想变成了现实。这位农民在其坚定的"从小处做起，由小变大，由少变多"的财富增长观念的指引下，在原本没有一分创业资本的情况下，凭着身体的热量，硬是将7只野鸡蛋孵化出7只小野鸡来。后来，又经过多年的鸡与蛋的再生繁殖，他成功地创立起了全国知名的野鸡饲养与观赏基地。他的个人资产将近百万元，并带动了当地农民养殖野鸡致富奔小康。

成功学家指出，人欲成大事，必须先认真努力地做好眼前的每一件小事。眼前的小事或许看起来微不足道，但可能正是将来大成绩的铺垫和前奏。要知道，一般情况下，大的成功都是小的成功积累起来的。

在生活和工作中，很多人总是感慨自己生不逢时，怀才不遇，得不到领导的重视，只能做一些无足轻重的小事，没有施展才华的机会。其实上天对每个人都是公平的，在小事面前，我们就是主角。在小事面前，我们最好的出路就是努力把它做好。用一件件的小事为自己积累资本，为成就大事做准备。

很多"凡人小事"，正是因为它的"凡"和"小"，很多人常常不屑于做它。殊不知，走向成功的机会往往就蕴藏在这些不起眼的小事中。那些只希望做大事的人，容易因好高骛远、眼高手低而变得志高于才。

经理决定在杰克逊和罗伯茨二人之间选择一个人做自己的助理。为了体现民主与公正，经理决定由全体员工投票选举，投票的结果出人意料，杰克逊和罗伯茨的得票数竟然相同，经理犯难了，便决定亲自对两个人进行一番考察，然后再做决定。杰克逊和罗伯茨觉得这样做也很公平，都欣然同意了。

一天,经理在餐厅吃饭。用餐时,他看见杰克逊吃过饭后,把餐盘都送进了清洗间,而罗伯茨吃完饭后一抹嘴巴,把餐盘推到了餐桌的一边,然后起身走了。

又有一天,经理很随意地走进杰克逊的办公室,只见杰克逊正在做下个月的销售计划,他便问杰克逊:"每次都是你亲自做销售计划吗?为什么不让下面分店的负责人去做呢?"

"是的,我总是亲自做销售计划,这样我既能从总体上把握,

又能做到心中有数。再说，这样的小事，我觉得也没有必要麻烦下面分店的负责人。"

经理又背着手踱到罗伯茨的办公室，罗伯茨正在看一份销售计划。

"这是你自己做的计划吗？"经理问。

"这样的小事我一般都让下面的分店负责人来做，我只管做大的销售计划。"

"那么你有成熟的销售计划吗？"

"这个……这个……我还没有。"

第二天，经理宣布杰克逊为自己的助理。

杰克逊之所以能当上经理助理，主要得益于他不放过任何一件小事，并且认真地做好每一件小事。

要看一个人生命的质量如何，将来成功的概率有多大，只要看他在小事上的态度就可以了。如果他不能在小事上做好做细，没有认真踏实的心态，在遇到小事时总是感到烦躁，那么他成功的希望也会非常小。因为所有的大事，都是始于对小事的努力和认真。

成长智慧

每一件大事都是由很多小事构成的，所以我们不要看轻小事。只有把每一件小事都认真地做好，才能成就大事。

努力做好简单的事，才能成就不简单

　　把每一件简单的事做好就是不简单，把每一件平凡的事做好就是不平凡。——张瑞敏

　　一个人要想将来有所作为，就一定要从今天的小事做起。如果连最简单的事情都做不好，那么就不可能做好大事，更不可能成就一番大业。即使是最简单的事情，也要做到最好，只有这样，我们才能为以后做大事、成大业打下良好的基础。

　　20 世纪 90 年代，电影《唐伯虎点秋香》在香港开拍。拍摄现场刀光剑影，血雨腥风，好一场恶斗。恶斗之后，片场上留下一具"尸体"。那"尸体"躺在地上没有起来，周星驰走上前去踢了他一脚，意思是叫他起来，他没有动；再踢一脚，他还是没有反应；周星驰又拿起手中的道具霸王枪，对准他的大腿连戳两枪，哪知"尸体"还在原地一动不动。周星驰慌了，以为演员发生了意外，赶紧叫大家停下来，导演大喊一声"停！"周星驰忙去扶"尸体"，谁知"尸体"却突然睁开了眼睛，活了过来。周星驰很气恼，问他："你刚才怎么一动也不动？吓我一跳。"有人提醒"尸体"，赶紧向星爷认错，不然你的饭碗就要砸了。"尸体"却并没有认错，而是抹去脸上的泥巴，说："我演的是死尸，导演不喊停，我是不能动的。"

演尸体的演员是田启文。他凭借在片场的优异表现，被周星驰一下看中。在此后周星驰主演的很多部电影里，我们都能看到他的身影，他表演得相当精彩。从此之后，田启文在香港演艺界声名鹊起，后来他成了周星驰的经纪人。

对于任何一个演员来说，演一具死尸对他们而言是再简单不过的事情，但唯有田启文，能把一具"尸体"演得如死去了一般。透过这个简单的角色，我们看到了田启文极其认真的工作态度以及对角色极端投入的责任感。一个对一件简单的事情极其认真而又负责任的人，没有什么事情会是他做不好的。

想一想我们，是不是把那些看似非常简单的小事都努力做好了？相信很多人可能都会摇头，自己并没有把那些小事做好。小事做不好，想要做成大事，那是根本就不可能的事情。要知道，一切伟大的成就都是从最简单的事情起步的。田启文就是我们学习的榜样。

下面这个故事，对我们很有启发意义。

央视有一个节目，里面介绍的是各行各业的工作绝活。其中，有一个重庆的小伙子，他是商场的一名营业员。他放弃了很多休息的时间，到处收集各种各样的鞋带，创造出了一项属于自己的特殊技能：他为鞋带创造了很多花式打法。他能用普通的彩色鞋带，通过编、绕、搭、系等手法，完成各种各样的生动立体的造型，从而让平面、死板单调的鞋，变得立体生动起来，并给平淡普通的帆布鞋赋予了一种新颖的、独特的、时尚的新气息。

系鞋带谁都会，简单得不能再简单的事情。可能做到这个份上，的确是一件不简单的事情。因为这项绝活，去小伙子那儿买东西的人特别多,他一个人每个月就能为商场带来 20 万元的销售额。20 万元的销售额,对于今天的营业员来说,无疑是一个奇迹。

可见,把简单的事情努力地做到极致,就能为我们带来更多的价值和成长的机遇。把简单的事情做好,对我们来说是一件不简单的事情。

蔡澜是香港一位著名的旅游家、美食家,他曾说过这样一句话:"最好吃的东西,就是用最简单的烹调法,将食物的原味发挥得淋漓尽致。"这句话,在宁波菜上也得到了很好的印证,越是新鲜的海鲜,做法越是简单。最重要的是,只要把这种简单做好就可以了。

把简单的事情认真做好,需要的是一种毅力,是一种敬业的精神,是一种负责的态度,更是一种坚持的品性。谁能把身边简单的事情做好,谁就会成为一个不简单的人。这其中的关键就在于,我们是不是把身边每一件简单的小事都努力做好了。

成长智慧

工作中,很多人心浮气躁,他们沉不下心踏踏实实地做一件事,也不屑于小事和细节,他们把宝贵的时间用在抱怨人生和等待做大事的机会上,结果平庸一生。要知道,一件简单的事情,如果我们能够倾尽自己的全力,把它做到最好,做到最完美,它也会成为我们的技能,为我们赢得更多更好的机会。

把握好细节，细节决定成败

天下大事当于大处着眼，小处下手。——曾国藩

从小事上能反映出一个人做事的态度，所以我们要养成重视小事的习惯。不要忽略了一些不起眼的小事或细节，要知道，有时正是这些小事或细节，决定了一个人的成败。即使是一个小小的微不足道的动作，或许就会改变一个人的一生。

美国福特公司名扬天下，它不仅使美国汽车产业在世界上占据鳌头，而且还改变了美国的国民经济状况。可是，有谁会知道这个奇迹的创造者福特先生当初竟然是以捡废纸这样一个简单的动作，作为进入公司的敲门砖，从而使他的人生发生了大的改变。

那时，年轻的福特刚从大学毕业，他到一家汽车公司应聘。一同应聘的几个人学历都比他高，在其他人面试时，福特感到没有希望了。当他敲门走进董事长办公室时，发现门口地上有一张纸，于是便很自然地弯腰把纸捡了起来，看了看，原来是一张废纸，就顺手把它扔进了垃圾篓。董事长将福特的这一系列小动作看在了眼里。当福特走进办公室，刚说了一句，"我是来应聘的福特"时，董事长就对他发出了邀请："很好，很好，福特先生，你已经被我们公司录取了。"

这个让福特感到惊异的决定，源于他那个弯下腰捡废纸的动作，福特就是这样一个十分注重细节的人。从此以后，福特就开始了他的创业之路，让福特汽车闻名全世界。

我们身边谁是轻而易举成功的？其实并没有这样的人。如果当初福特没有把那件再平常不过的小事放在眼里，他可能以后就没有实现梦想的机会了。正是这个不被其他人所关注的小细节，使他得到了机会的眷顾。

细节对我们来说，有时是生动的，比如小说中扣人心弦的细节；细节对我们来说，有时又是非常乏味的，比如公务员备考时的一些烦琐细节。然而，古训曰："一屋不扫，何以扫天下？"很多细节往往在不经意间，就决定了一个人做事的成与败。

日本的清酒与中国江南的黄酒较类似，都是深受欢迎的普及型大众米酒，但日本的米酒在明治之前比较浑浊，这也是它的美中不足之处。很多人想了各种办法，但都找不到使酒变清的法子。那时，有一个名叫善右卫门的小商人，以制作和经营米酒为生。一天，他与仆人发生了口角，仆人怀恨在心，准备伺机报复善右卫门。有一天晚上，仆人将炉灰倒入做成的米酒桶内，想让这批米酒变成废品，以此报复主人。干完了坏事，卑劣的仆人便逃之夭夭了。

第二天早晨，当善右卫门到酒厂查看时，他发现了一个自己从未曾见过的现象：原来浑浊的米酒忽然变得清亮了。他透过米酒细看，发现桶底有一层炉灰，他敏锐地觉得，炉灰具有过滤浊酒的作用，于是，他立即进行了试验、研究。经过无数次的改进之后，他找到了使浊酒变成清酒的办法，终于制成了畅销全日本的清酒。

在多数人看来,善右卫门似乎在一念之间就制成了清酒,他的成功也好像是灵感乍现的结果,是神灵的格外恩赐。其实,事实并非如此,这是他平时重视细节的结果。如果善右卫门没有细心观察和发现,并且不去试验和研究,或者说他并没有专心于自己的事业,那么,他不可能会把自己的事业和人生经营得如此辉煌。

有一个公司经理有一个恶习,那就是不管在什么场合,一到得意处,便不自觉地抠自己的鼻孔。

有一次,在与合作方进行有关合资立项的谈判时,双方谈得非常顺利,马上就将进行到签字生效的程序了。可是就在这时,那位经理得意忘形,手指不自觉地又伸进了自己的鼻孔。这位经理一边与谈判方老总谈笑风生,一边肆意地抠着自己的鼻孔,对方的老总很快地注意到了这个动作,并皱起了眉头。

五分钟以后,这位经理大人依然在继续着自己的动作。对方老总立即表示,这份合作意向还需再重新探讨,然后领着自己的人扬长而去,留下这位经理及莫名其妙的谈判人员。合作就此以失败而告终。

事后,有人问那位扬长而去的老总,究竟是什么原因使他在关键时刻改变了主意。那位老总说:"在那样庄重的场合,对方的经理竟然当着客人的面抠自己的鼻子,而且肆无忌惮,说明经理的素质是非常低的。经理的素质况且如此,其手下员工的素质也便可想而知了。与低素质的人合作,是要冒极大风险的。我们不愿意拿自己的资金来冒这么大的风险。"

注重细节是一个好习惯,拥有这种好习惯,就会拥有很多机会,这些机会很有可能就会决定一个人的一生。可想而知，上面那位公司经理不是一个优秀的经理，因为在外人看来，这样的人不仅不尊重他人而且素质低下。这种不良的生活细节，很有可能就会是他将来事业受阻的一个重大原因。

事实证明，一个人即使再有才华，再努力，如果缺少了机遇，那也不会成功。殊不知，在现实工作中，很多机遇其实就存在于我们的身边，存在于我们所做的每件小事、每个小细节之中。所以，尽心尽力把每件小事做好，处理好每个小细节，长此以往，我们就能把工作做得出色，就会得到一些意想不到的机会。努力工作，同时把握好细节，这样才能把工作做到位。

成 长 智 慧

千万别小看工作中的细节。要知道，许多成功都是由精于追求细节，努力做好细节工作而促成的。"成也细节，败也细节。"把工作中的每一个细节做好，就是优秀。一个人往往会因细节而改变一生。

从细微处着手,努力提升自身的修养

名人名言

勿以恶小而为之,勿以善小而不为。——刘备

在工作中,我们时常会发现这样一个问题,那就是精细者常常可以旗开得胜,粗心者则常因忽略细节而兵败垂成。所以说,我们更需要注意细微处的修养。

《聊斋志异》中有这样一个情节,有个老人一向为人豪爽,常常主动借钱接济四方。

一天,一个好赌的无赖听说此事后,他找到老人也想借钱,老人答应了他。就在这时,那位借钱者见案头放着几枚铜钱,便伸出手来,将那几枚铜钱"高下叠放,如此再三"。老人立即由这个细节看出,此乃赌徒的习惯动作,一时间老人改变了主意,委婉地拒绝了那个好赌之徒。

一个细节就露了馅儿。试想赌徒如果没有那样的习惯性动作,恐怕这钱也就借到手了。就是这样一个不好的动作,让人看出了端倪,进而愿望也就落空了,这就是不注重小节而获得的结果。

某公司高薪诚聘一位白领员工,不少能人前来应聘,但只有一个人顺利过关,为什么呢?因为细心的经理注意到了一个细节,那就是当一个女员工为这些应聘者递去茶水时,众多应聘者中,只有那个女孩礼貌地站起来并用双手接过,最后还说了一声"谢谢"。

工作中，很多活生生的例子摆在眼前，看一看自己，那些细微处的修养与细节我们又做到了多少。这种细微处的修养反映了一个人做人做事的态度和品德。修养，是一个人文化、智慧、善良和知识综合起来所表现出来的一种美德，是一个人崇高人生的一种内在的力量。

做事先做人，这是小时候父母常教导我们的话。父母告诫我们：当别人给予我们帮助时，一定要道谢，并且要看着对方的眼睛，以示诚意。当我们给别人带来不便时，一定要及时道歉，以免给人留下不良印象。当我们对一个人还不够了解时，切莫轻易下结论，耳听为虚，眼见为实，况且有时候眼睛也会欺骗人……立业先立德，做事先做人。做任何事情都是从做人开始的，而一个人人品的好与坏就体现在每个细微处的表现上。

还有一个故事，对我们也很有启发。

一位中国老人风尘仆仆地赶到日本横滨，探望他阔别50年的朋友。当他手捧用黄缎包裹的《老寿星》和《骏马图》两幅画卷将要迈入电梯的一刻，一个亲切的声音传入老人的耳朵："对不起，打扰一下"，只见一位公寓的服务员小姐站在身后："请问您是来看朋友的吧？"得到肯定的答复后，小姐又说："对不起，有个建议供您参考，在日本用黄色的包装代表着绝交……如果可以，请允许我为您的礼品重新包装一下……"十分钟后，老人抱着按照日本风俗重新包装的画卷走进电梯，这时服务员小姐再次追上来说："刚才忘了告诉您，那件侧面贴了标签的是《骏马图》，没有标签的是《老寿星》……"

由于那位公寓服务员小姐重视工作中的细节，并提供细心周到的服务，而没有产生不必要的误会。

如果我们是故事中的中国老人，一定会对公寓服务员小姐的工作产生深刻的印象，她的服务是一缕清香，久久让人回味。如此认真的工作态度，如此细致入微的贴心服务，不仅感动了我们，更会感动在场的每个人。

综上所述，无论是好赌的无赖，还是让人感动的服务员小姐，都在告诉我们这样一个道理，那就是：无论做什么事，无论怎样做，都体现着一个人的修养，特别是细微处的修养更不容忽视。因为，它直接关系着一个人做事的成与败，关系着他人对我们印象的好与坏。在每天努力的过程中，如果我们在注意外在形象的时候，也能注意到自己细微处的问题，那么它将有助于我们把事情做得更好。

成 长 智 慧

一个人的魅力体现在修养上，而修养通常来自于细节。行为养成习惯，习惯形成品质，品质决定魅力。因此，我们应从身边的事做起，从细微处着手，从自己的一言一行开始，努力提高综合素质，从而成就自己非凡的人生。

第三章

只要努力进取，就会不断进步

努力进取是一种积极的人生态度，是一个人不断进步的唯一途径。当一个人满足于现状、不再努力进取时，他就会在体力、精神和道德上走下坡路。相反，如果一个人能通过不懈的努力改善自己的处境，他就能不断进步，创造出更加富足的生活。

再见吧，拖延症

每天进步一点点，就是最大的进步

进步，意味着目标不断前移，阶段不断更新，它的视野总是不断变化的。——雨果

每天进步一点点，看似平凡朴实的一句话，却蕴含了人生哲学的大智慧。每天进步一点点，并不是很大的目标，也并不难实现。也许，昨天的我们曾努力过并获得了可喜的成绩，但今天的我们必须努力超越昨天的我们，只要是在进步，进步多少都无妨。

叶先生毕业后，去一家公司应聘，当时他对自己一点信心都没有。老总让他做市场部经理，他对老总说自己没有经验，恐怕难以胜任，老总却说没关系，说他可以教他如何在最短的时间内胜任这个职位。原以为老总会给他一些具体的工作流程、注意事项等，没想到老总给他的只是7个字——每天进步一点点。老总还当场做了一个实验，问他能做多少个俯卧撑。在老总面前，他用尽全力做了28个。这时老总对他说："做工作就和做俯卧撑一样，只要长期坚持，每天努力进步一点点，那么过不了多长时间，你的工作能力会和你做俯卧撑的数量一样让你觉得不可思议。"

后来，叶先生接受了老总的任命。在以后的工作中，叶先生时刻谨记老总的教诲——在各项工作中每天努力地进步一点点，并坚持每天做俯卧撑。就这样，在不到三年的时间里，他能完成的俯卧撑数量从原来的 28 个增加到了上百个。他由一名对自己工作能力一点信心都没有的市场部经理，成长为一名工作起来游刃有余的市场总监。他们公司在"每天进步一点点"的指导思想下，从原来年销售额不足 300 万元的小企业成长为年销售额近 2 亿元的礼品企业里的领头羊。

　　一步登天做不到，但一步一个脚印能做到；一鸣惊人不好做，但可以一鼓劲做好一件事；一下子成为天才不可能，但每天努力进步一点点有可能。

　　纽约的一家公司被一家法国公司兼并了，在兼并合同签订的当天，公司的新总裁就宣布："我们不会随意裁员，但如果有的人法语太差，导致无法和其他员工交流，那么，我们不得不请他离开。这个周末我们将进行一次法语考试，只有考试及格的人才能继续在这里工作。"散会后，几乎所有人都涌向了图书馆，他们这时才意识到要赶快补习法语。只有一名员工像平常一样直接回家了，同事们都认为他已经准备放弃这份工作了，令所有人都想不到的是，考试结果出来后，这个在大家眼中肯定是没有希望的人却考了最高分。

　　原来，这位员工大学刚毕业来到这家公司之后，就已经认识到自己身上有许多不足，从那时起，他就有意识地开始了自身能力的储备工作。虽然工作很繁忙，但他却每天坚持提高自己。这些准备都是需要时间的，他是如何解决学习与工作之间的矛盾呢？就像他自己所说的一样："只要每天记住 10 个法语单词，一年下来我就会记住 3600 多个单词。同样，我只要每天学会一个技术方面的小问题，用不了多长时间，我就能掌握大量的技术了。"

其实，积少成多的道理每个人都懂，但是很少有人付诸行动，而成功的人就是每天都努力进步一点点的人。

成长智慧

一个人之所以会成功，是因为他能不断地努力进取。只要我们每天都进步一点点，结果将是不可思议的。其实，成功就是每天进步一点点。

保持进取精神，才会收获丰硕成果

  卓越的人一大优点是：在不利与艰难的遭遇里百折不挠。

——贝多芬

  一块磁铁可以吸起比它重1倍的铁器，但是，如果除去磁铁的磁性，它却连极小的物体都吸不起来。同样的，人也有两类，一类是有磁性的人，这类人充满了自信心，他们知道自己天生就汇聚了能量，是个胜利者、成功者；而另外一类人是没有磁性的人，这类人充满了畏惧和怀疑。当机会到来时，他们会说："我可能会失败。"这类人在生活中不可能会有成就，他们害怕前进，只想停留在原地而不付出任何努力。

  这是两种截然不同的人生态度。第一种人始终保持着积极的人生态度，第二种人则始终保持着消极的人生态度。我们从内心都想要使自己成为第一种人。

  所谓"进取精神"，是指一个人应该不断地发展自己，不断地丰富自己，努力求取新知识，思考新问题，不断超越自我，用积极正确的心态努力进取以获得更大的成就。

  蛹因为进取，所以蜕壳而出，化成翩翩飞舞的蝴蝶；苗因为进取，所以能在岩石缝中扎根，开出艳丽的花朵；万物因为进取，所以才产生了欣欣向荣的世界。

相传，我国著名诗人白居易，每做好一首诗，总是先念给牧童或老妇人听，然后自己再反复修改，直到他们听了拍手称好，才算定稿。像白居易这样著名的诗人，并不因牧童和村妇的无知而轻视他们，因为他懂得真正的文学作品必须得到人民的承认，所以他虚心求教于人民，正是因为一次一次的执着进取精神，才使他的诗通俗易懂，在民间广为流传，为后人所传颂。

拿破仑·希尔曾说："有方向感的信心，可令我们每一个意念都充满力量。当你有强大的自信心去推动你的成功车轮，你就可以平步青云，无止境地攀上成功之岭。"开拓进取的品质，不但来源于一个人努力拼搏奋进的意识，更来源于一种对未来、对目标高尚的追求。正所谓"无私则无畏。"当一个人心中装着崇高的理想和伟大的抱负时，就能迸发出源源不断的向上的动力。

我国东晋书法家王羲之的书法艺术和努力进取的刻苦精神一直深受世人赞许。相传，王羲之的婚事就是因此而定的。

王羲之的叔父王导是东晋的宰相，与当朝太傅郗鉴是好朋友。郗鉴有一个如花似玉、才貌出众的女儿。一日，郗鉴对王导说，他想在王导的儿子和侄儿中为女儿选一个如意的郎君，王导当即表示同意。王导回到家中将此事告诉了诸位儿侄，儿侄们久闻郗家小姐德贤貌美，都想娶到她。郗家来人选婿时，诸位儿侄都忙着更冠易服精心打扮，唯王羲之不问此事，仍躺在东厢房床上专心琢磨书法艺术。郗家来人看过王导诸儿侄之后，回去向郗鉴回复说："王家诸儿郎都不错，只是因为知道是选婿都有些拘谨不自然。只有东厢房那位公子躺在床上毫不介意，只顾用手在席上比画什么。"郗鉴听后，高兴地说："东床那位公子，必定是在书法上学有成就的王羲之。此子内含不露，潜心学业，正是我意中的女婿。"于是，他便把女儿嫁给了潜心向学的王羲之。

王羲之的这一大好姻缘令人羡慕，而他勤奋和努力的进取精神，更令我们敬佩。这种精神值得今天每一个想要追求成功、追求幸福的人学习。

做人，自始至终都要保持一种努力进取的精神。进取心是一种豁达而积极的人生态度。进取精神是擂响大漠之鼓艰难跋涉的驼铃，是弹响阳光之弦振翅飞翔的鸟鸣，是撞响悬岸之钟澎湃激越的涛声。迈开积极进取的步伐，让我们遵循成功人士的足迹，努力超越心中的每个梦想。

成 长 智 慧

人一旦自满，就会限制自己进一步提高；一旦自满，成功的大门就会关得越来越紧。自满会消耗人的雄心壮志，自满会让一个人在过去的成绩上睡大觉而被别人超过。相反，一个人如果始终保持努力进取的精神，就会不断地努力奋斗，就会收获更多丰硕的果实。

持之以恒地努力,一次不行就再来一次

所有坚忍不拔的努力,迟早会取得报酬的。——安格尔

人生对我们来说是一条漫长的旅途,有平坦的大道,也有崎岖的小路;有灿烂的鲜花,也有密布的荆棘。在人生旅途上,每个人都会遭遇挫折,而生命的价值就在于能坚强地闯过挫折,冲出坎坷,哪怕是一次不行再来一次。要知道,只有这样的人生,才是最美丽、最幸福、最有意义的。

失败对于每个人来说,都是在所难免的。因此,不要被困难打倒。拼搏中失败了,没有什么大不了,相信只要持之以恒地为自己的梦想而努力,总有一天会迎来成功的掌声和鲜花。

有个年轻人去微软公司应聘,可是,该公司并没有刊登招聘广告。见总经理疑惑不解,年轻人用不太娴熟的英语解释说自己是碰巧路过这里,就贸然进来了。总经理感觉很新鲜,破例让他试一下。面试的结果出人意料,年轻人表现得很糟糕。他对总经理解释说是事先没准备好,总经理以为他不过是找个托词下台阶,就随口应道:"等你准备好了,再来试吧。"

一周后,年轻人再次走进微软公司的大门,这次他依然没有成功,但比起第一次,他表现的要好得多,可总经理给他的回答仍同上次一样:等你准备好,再来试吧。就这样,这个年轻人5

次踏进微软公司的大门,最终被公司录用,成为公司的一名重点培养对象。年轻人面对打击,有超乎寻常的毅力,一次不行就再来一次的精神,使自己终于踏进了梦想中的大门。

也许你的人生旅途上也是沼泽遍布,荆棘丛生;也许你追求的风景总是山重水复,不见柳暗花明;也许你需要在黑暗中摸索很长时间,才能寻找到光明;也许你坚强的信念会被世俗的尘雾缠绕,不能自由飞翔;也许你高贵的灵魂暂时在现实中找不到寄放的净土……面对这些,你要持之以恒地努力,并且坚定而自信地对自己说"再试一次!"再试一次,你就能到达成功的彼岸。

瑞德公司的面试通知,像一缕阳光照亮了克里弗德焦急期待的心。

上午10点钟,克里弗德准时走进了瑞德公司人力资源部。秘书小姐向经理通报后,克里弗德静了静心,提着手提包来到经理办公室门前,轻轻地敲了两下门。

"是克里弗德先生吗?"屋里传出询问声。

"经理先生,你好!我是克里弗德。"克里弗德慢慢地推开门。

"抱歉,克里弗德先生。你能再敲一次门吗?"端坐在沙发转椅上的经理悠闲地注视着克里弗德,表情有些冷漠。

经理先生的话虽令克里弗德有些疑惑,但他关上门,重新敲了两下,然后推门走了进去。

"不,克里弗德先生,这次没有第一次好,你能再来一次吗?"经理示意他出去重来。

克里弗德重新敲门,又一次踏进房间。

"先生,这样可以吗?"

"这样说话不好——"

克里弗德又一次走进去:"我是克里弗德,见到您很高兴,经理先生。"

"请别这样。"经理依然淡淡地道,"还得再来一次。"

克里弗德又做了一次尝试:"抱歉,打扰您工作了。"

"这回差不多了,如果你能再来一次会更好,你能再试一次吗?"

当克里弗德第十次退出来时,他内心的喜悦和憧憬已消失殆尽。他开始有些恼火,心想,进门打招呼哪有这么多讲究?这哪是招聘面试呀,分明是在刁难人吗!

克里弗德生气地转身离开,可刚走几步又停了下来。不行,我不能就这样逃开,这是我最喜欢的工作呀,我一定要争取到这份工作。

于是,克里弗德稍稍地舒了一口气,第十一次敲响了那扇门。这次,他得到的不是拒绝,而是热烈欢迎的掌声。克里弗德没有想到,在自己第十一次敲门时,叩开的竟是一扇成功之门。

原来,瑞德公司此次是打算招聘一名市场调查员,而一名优秀的市场调查员,不仅要具备丰富的学识,更要具备耐心和毅力等。这十一次敲门和问候就是考查一个人心理素质的考题。

生活里的种种苛责和难堪看上去虽是令人不舒服的遭遇,可是,如果肯用耐心去化解,用毅力去稀释,用理智去包容,它也许就是走向成功的一个垫脚石。克里弗德一次又一次地进出房门,最终,他通过努力得到了自己梦寐以求的工作。

生活中这样的事情,我们可能不会遇到太多,但是,如果换作其他人遇到同样的事情，很有可能他们会打退堂鼓，有可能他们会恼羞成怒，还可能他们会经受不住刺激中途离场。但克里弗德却不放弃，一次不行就再来一次，这次不行就把下一次做好，终于他通过自己的努力打开了职场的大门。

挫折，在人生的旅途中难以避免。面对挫折，有的人失去了前进的勇气，熄灭了探索的热情；而有的人却以此确立了自己进取的志向，扬起了前进的风帆，从而越行越远。

一次摔倒，一次碰壁，不代表永远都无法爬起来，永远地失败了。在那些迷惘失落而又无所为的日子里，我们应该看到在阴霾下挺立的苍松翠柏，在死一般的黑夜里闪烁的星光。一个人心中有坚定的信念，就可以超越一切困难。一次不行，就再来一次，只要去努力，总有一天我们会做到最好。

成 长 智 慧

失败，并不意味着比别人差；失败，也不意味着永远不会成功；失败，更不意味着到了人生的终点。智者告诉我们，失败的终点往往是成功的起点。只要敢于正视失败，敢于拼搏，我们就会收获成功的果实。一个小挫折并不可怕，一次不行再来一次，成功的大门终会为你而开启。

避免犯同样的错误，就是一种进步

失败带给我的经验与收获，在于我已经知道这样做不会成功的证明，下一次我可以避免同样的错误了。——爱迪生

小兵是一家房地产公司的销售员，他刚到公司的时候销售业绩排在倒数第一，一年后他却成了销售冠军。此后，小兵的销售业绩稳步增长，月月得冠军，年年得冠军。身边的很多同事都羡慕不已，纷纷向小兵取经，问他工作做得如此出色的秘诀。小兵从包里拿出一个黑色的笔记本，对同事说："这就是我的秘诀。"同事们翻开一看，里面密密麻麻地记录了他与客户打交道所犯下的每一次错误，以及每次犯错误后的心得。

无论做什么事情，谁都有犯错误的时候。我们所犯的错误，一方面会使我们陷入困境，另一方面会促使我们警醒，而我们需要做的是学会从错误中思考和总结，以避免同一个错误再次发生，从而使自己有新的进步，有新的发展。

如果对自己所犯下的每个错误都置之不理，那么错误对我们来说仅仅是一个错误，而不会成为经验和教训，这样的错误是没有价值的。总结自己的错误是理性的回想，是从实践上升到理论的必经之路。思考错误是一个人智慧的升华，是预见未知、开拓新空间的前提。只有善于分析错误，我们才能有所收获。

那么,如何才能使犯错误的成本降至最低?如何使犯错误的人进步得更快?答案只有一个,那就是:努力使同样的错误只犯一次,也就是避免犯同样的错误。

小兵就是一个最好的例子,他懂得记录自己在工作中的每个错误,并且把每个错误都改正过来,从而把自己的工作做得非常出色。

失败并不可怕,可怕的是不懂得吸取失败的教训使自己有所长进。只要我们懂得每天反省自己的失误和不足之处,坚持下去,其效果是非常大的。

反省主要是对挫折和失败的思考和总结。正确的东西会使我们变得更加聪慧,错误的东西会使我们变得更加清醒。要知道,成功的经验大多相似,失败的原因却千差万别。我们从失败的教训中学到的知识往往要远比从成功的经验中学到的多,而且更为深刻。

一个学生毕业时,他的班主任老师给他的留言是:"望你孜孜以求,绘就人生'前有碧绿,后有金黄'的美好画卷。"一个人要想使自己从"碧绿的青春"到"金黄的收获",很重要的一点就是要辛勤耕耘,善于反省并将反省的结果努力付诸新的耕耘。

很多实践都向我们证明,一个进步较快的人,必定是善于反省的人,反省能使人走向成熟,变得深邃,臻于完善。

一个人不可能没有缺陷。犯错误不要紧,要紧的是同样的错误不能犯两次。如果你想成功,那么你就可能犯错误;如果你要成功,你也可能犯错误,但同样的错误只能允许自己犯一次。被一块石头绊倒一次不要紧,要紧的是不能被同一块石头绊倒两次。只有这样,在为目标努力的过程中,我们才能以最快的速度把自己想要做的事情做好。

成长智慧

在奋斗的路上,我们要敢于犯错误,同时我们更要少犯错误,尤其是不能犯同一个错误。在生活中,一个愚笨的人和一个聪明人的区别就在于,愚笨的人同样的错误会犯多次,甚至是屡教不改,而聪明人同样的错误只会犯一次。

敢拼搏有胆识，才能使努力更有成效

> 本来无望的事，大胆尝试，往往能成功。——莎士比亚

在今天，"敢拼才会赢"并不是一句空话，而是成大事的一种行动力和胆量。相对于一些不敢去争取去打拼自己事业的人来说，敢拼更是一种超越自我的胆识。可以说，敢拼是成大事的关键。

胆识是成功创业的"第一资本"。在我们身边，成千上万的人都有创大业的梦想，而只有少之又少的一些人才会勇敢地付诸行动。我们应该学习爱迪生对待自己事业的勇气。

爱迪生喜欢苦思冥想，他一遇到疑惑就会一直地钻研下去。爱迪生在发明的过程中历尽了千辛万苦，为了寻找灯丝，他曾经试验过上千种材料，为试验一种新的蓄电池，他曾经失败过很多次，但他并没有因那些不尽如人意的结果而放弃，而是仍然努力钻研，正是这种百折不挠的品质和顽强拼搏的精神，使爱迪生获得了成功。

在实现梦想的征程上，如果我们能有爱迪生一半的胆识和拼搏精神，也许我们早就成为自己想要成为的人了。研究学问和创业都是一样的道理，虽说爱迪生是坐在自己的实验室里，而我们又为自己的理想付出了多少呢？古语言："宝剑锋从磨砺出，梅

花香自苦寒来。"记住,要想品尝成功的喜悦,就应该让自己成为一个既有胆识又有拼搏精神的人。

美国杜邦公司总裁皮埃尔·杜邦,是一个利用勇气和胆量使自己成功的人。

杜邦公司在杜邦家族中经营了一个多世纪。"管理这个事业的职责,必须视它为一种神圣的托付而传至未来的一代。"这是美国杜邦公司总裁皮埃尔·杜邦的一句名言。这位杜邦家族的第四代继承人,凭借着自己的胆量把杜邦公司的事业推向了顶峰。

皮埃尔自幼聪明好学,他以优异的成绩毕业于麻省理工学院。皮埃尔32岁那年,堂叔犹仁总裁死于肺炎,由于犹仁死得太突然,没有留下遗嘱,他的家族内乱成了一团。大家在家族会议上吵得不可开交,谈不出什么结果来。最后,董事会准备卖掉公司。到了最后表决的时刻,主持人亨利上校建议说,全部家当如果卖掉的话,值1200万美元。各人将分得的钱存入银行,利息低得可怜,不如把它按2000万美元抵押给家族中的某个人,这个人按银行的利息付给各位股东收益。听到这个想法后,大家纷纷同意。可是,并没有人愿意做这个冤大头,而亨利上校在这时却胸有成竹地说,有人愿意这么做。于是,皮埃尔当上了新的总裁。

成功可以用胆量缔造,有一种胆量是可以穿透梦想的。皮埃尔做到了,皮埃尔也是这样的一个人。杜邦集团下属的企业,包括工业、铁路、石油、航空、银行、波音飞机制造、可口可乐、保险、军工、化学、食品、电视、电脑……几乎渗透到世界上的每个领域。敢拼才会赢,在皮埃尔的身上得到了最有力的论证。

一位成功人士曾说:"成功有三量:胆量、力量、度量。"其中,胆量排在第一,这与那句古训"才、学、胆、识,胆为先。"是不谋而合的。

由此可知,成功并不需要我们知道多少,而是依靠我们努力了多少,所有的知识、计划、心态都要付诸行动。不管决定做什么事情,设定了什么目标,都一定要拿出努力拼搏的精神,马上行动。只有提高自己的胆识,并利用拼搏的力量,才会使自己付出的努力更有成效,才会赢得成功。

成 长 智 慧

一位智者说过:"想得好是聪明,计划得好更聪明,做得好是最聪明又最好。"成功开始于思考,成功要有明确的目标,这都没有错,但这只相当于给赛车加满了油,弄清了前进的方向和线路,但想要抵达目的地,只有把车开动起来,并保持足够的动力才行。也就是说,要有胆识,要有拼搏的精神。

再见吧,拖延症

人生低潮时的鼓励,是努力向上的动力

天生我材必有用。——李白

从古至今,人与人之间的鼓励,总会促使他们所要做的事情更顺利。相互之间的鼓励,也总会激发出人们心中最强的那股力量,包括自信心和意念。

然而,大多数的人都是等待着他人的鼓励,这或许就是人性的一个弱点——将自己的命运系在他人手中,而非自己掌握。

其实,最好的鼓励源自于每个人的内心。只有自己相信自己,自己鼓励自己,最后的胜利才会是完美的。他人的鼓励只不过是一种催化剂,最重要的是自己心中的那堆反应物。

鼓励只是人心中渴望得到的一种慰藉罢了。成功的关键是自己的努力和付出,而不是别人那三五句呢喃之语。正如一个已对生活完全失去信心的人,你就是磨破了嘴皮子去鼓励他,也未必能有一丁点的效果。

千万不要有等待的心理,要学会给自己鼓励,学会自己掌握命运的船舵。如今的社会充斥着太多的机遇,却也同样"杀机四伏",别老指望着他人能给你鼓励。

每个人都要有一种危机意识,在激烈的竞争中,永远相信自己、鼓励自己,这是每个人都应该努力掌握的生存法则。

一位哲人说："成长最悲哀的是当你长大成人后，在你遭遇挫折时，没有人会安慰你，鼓励你站起再重新开始，而在你获得成就时，也没有人会称赞你，鼓励你再创佳绩。"换言之，推动我们勇往直前的原动力来自于我们自己。

不妨想一想，当你在人生的十字路口碰到低潮时，会不会有人来拍拍你的肩膀，给你打打气？说实话，当你碰到低潮时，或许你的老师、长辈会为你打气，但他们无法天天在你身旁。所以，自己鼓励自己，才是最有效的方法。这样说并不是在否定别人鼓励的作用，事实上，别人的鼓励会让你有"毕竟我不孤单"的感觉，于是生出一股奋起的力量。但是，需要告诉你的是：

——千万别乞求、冀望别人的鼓励，因为那只会让你像个可怜虫！而这种鼓励也带有怜悯的意味。

——千万别依靠别人的鼓励来产生勇气和力量，因为，你未来的路还会有许多坎坷，可不一定每次低潮的时候，都会有人来鼓励你。

不过，人在低潮时，可能不知道怎样去鼓励自己。因此，在遇到低潮时，你首先要有"撑下去"的决心，因为，这是"自己鼓励自己"的先决条件。

之后，你要努力告诉自己：我要走过这个低潮，我要做给别人看，向所有人证明我的强韧。换句话说，你要为自己争一口气，不要被别人看轻。

有了这样坚定的信念，接下来就是"努力做"了，这当中会有挫折、沮丧和"不知何日出头天"的漫长等待，而你也很有可能再度被打倒。

再见吧，拖延症

怎么办呢？

有人在墙上贴满励志性标语，每天在固定的时间默念。如，"海阔凭鱼跃，天高任鸟飞""同生天地间，为何我不能""即使爬到最高的山上，一次也只能脚踏实地迈一步""积极思考造成积极人生，消极思考造成消极人生""自己打败自己是最可悲的失败，自己战胜自己是最可贵的胜利"等等；有人找个僻静的地方，痛快地流泪；有人拼命地看成功人物的传记，以此来鼓励自己；有人借运动来强化意志，忘却沮丧。

方法很多，不一定每个人都适用，但不管你的方法如何，你一定要努力做到自己鼓励自己——人遭遇低潮就有如孤身闯入原始雨林，在这种时候，只能自己拯救自己。

能自己鼓励自己的人，就算不是一个成功者，但绝对不会是一个失败者。因此，每天我们都要学会自己鼓励自己，自己给自己打气。这是一种努力，也是一种智慧。

成 长 智 慧

对于在生活中被冷落的经历，不要认为这是一件坏事，其实这恰恰是一笔财富，深不可测的财富。这对心灵来说是一种磨砺，对意志来说是一种考验，这让我们认识到成功的不易。在心灵遭受创伤之后，要学会自己修复。当遇到人生中的挫折时，我们应该怀着感恩之心，自己鼓励自己，理智而快速地走出人生的低潮。

第四章

按计划去努力，一点一点接近目标

想要实现目标，需要一步一个脚印、一步一个台阶地向上攀登。只有努力走过一层层台阶后，才能够到达目的地。不要想着一步登天，抱有这种想法，第一步就会栽跟头。"一口吃不成胖子"，按计划去努力，一点一点地向目标靠近，才能最终实现目标。

给自己一个梦想,向着梦想进发

名人名言

如果你的心灵很年轻,你常常会保持许多梦想。在浓重的乌云里,你依然会抓住金黄色的阳光。——斯沃伦

尽管梦想对我们来说很遥远,但它是我们心中的一个希望,一个难以抵挡的诱惑。一个拥有梦想的人,生活会多出很多热烈的希望,自己本身也会无形中散发出一种奋进的光芒。

有位哲人说:"给自己一个梦想,就等于给大地一片绿色,给生命一片色彩,给心灵一片灵动。大地就会从此多了一份生机,生命就会多出一份鲜活,心灵也多了一份归宿。"

给自己一个梦想,在孤独的时候,梦想就是窗前的明月;在失意的时候,梦想就是燃烧的晚霞;在独自穿行的黑夜里,梦想就是一颗温暖我们的启明星。一个人如果有了梦想,就会常怀着美好的心境,把愿望和吉祥带给自己,也带给别人。有了梦想,无论我们面对的是萧萧秋雨还是款款春风,都不会迷失自己人生的方向,更不会没有了生存的目标。

也许,正是因为这样,我们身边才会有那么多人不断地去买彩票,其实人们并不在乎自己能不能中大奖,而是为了每天都能给自己一个小小的梦想和希望,生活也不会变得无着无落,无头无绪,因为总还有个小小的梦想在心头存放,不至于今天不知道为了什么活着，明天又该如何度过。

有句话说得好："当你紧握双手时，里面什么也没有，而当你张开双手时，世界就在你手中。"生活其实就是这么简单，在我们的生命中不可或缺的就是那一个小小的梦想或者希望。

38岁的阿俊是一名成功的模特和演员，但他却一直梦想着做电影制片人。20世纪90年代初，他的一位音乐家朋友邀请他指导一个音乐短片，后来片子卖给了一家电视台。不久后，他又获得了一个导演旅游短片的机会。他说："当这次机遇来临时，我就在想，这种事情终于发生了，我可能就此将改变自己的命运了。"

但是，他同时也意识到，放弃自己目前的工作是一种冒险。因此，他决定成立自己的制片公司作为自己的副业投资，同时继续做模特。经过一段艰难的日子后，他的制片公司终于缓慢但稳步地成长起来了。

再见吧，拖延症

后来，股市暴跌，广告和模特业务急剧萎缩，而阿俊的制片公司却可以支撑他的家庭了。有梦就有希望，通过努力，阿俊不仅实现了自己的梦想，而且还过上了不错的生活。

记住：只要梦想在，就会有希望；只要去努力，梦想就会离我们越来越近。

成 长 智 慧

人什么时候是幸福的？梦想成真的时刻无疑是最幸福的。"心想事成"是我们最常用的祝福语之一，虽然心想不一定事成，但可以说有梦才会有希望。不论未来的路将会怎样，我们都应该随身带着梦想，并努力为之奋斗。

一直努力下去,梦想才能成为现实

> 我宁可做人类中有梦想和有完成梦想的愿望的、最渺小的人,而不愿做一个最伟大的无梦想、无愿望的人。——纪伯伦

一个人是否能成事,最主要的因素不在于其头脑是否聪明,或者说选择了哪一个行业,而在于其是否一生都在努力朝着正确的方向前进。方向正确,我们距离自己的目标才会越来越近,否则,无论走得多快,最后都只会偏离自己的目标。此外,还要有一种不放弃的精神,一直坚持努力下去,这样梦想才能成为现实。

很多年前,一个穷苦的牧羊人带着两个幼小的儿子以替别人放羊为生。

有一天,他们赶着羊来到一个山坡上,一群大雁鸣叫着从他们头顶飞过,并很快地消失在远方。小儿子好奇地问父亲:"大雁要往哪里飞?"牧羊人说:"它们要去一个温暖的地方,在那里安家,度过寒冷的冬天。"大儿子眨着眼睛羡慕地说:"要是我也能像大雁那样飞起来就好了。"小儿子也说:"要是能做一只会飞的大雁该多好啊!"牧羊人沉默了一会儿,对两个儿子说:"只要你们想,你们也能飞起来。"

两个儿子试了试,都没能飞起来,他们用怀疑的眼神看着父亲,牧羊人说:"让我飞给你们看。"于是他张开双臂,但也没能飞起来。

可是,牧羊人肯定地说:"我因为年纪大了才飞不起来,你们还小,只要不断努力,将来就一定能飞起来,去想去的地方。"

两个儿子牢牢地记住了父亲的话,并一直为他们的梦想而努力着。等他们长大,哥哥36岁,弟弟32岁时,他们果然飞起来了,因为他们发明了飞机,这两个人就是莱特兄弟。

两个孩子小时候异想天开的梦想,在后来成为伟大的现实,这个结果源于他们一直不曾放弃心中的梦想,源于他们为梦想而努力的坚持不懈的精神。

洛克菲勒曾说:"没有人阻挡你前进的道路,其实通往成功

的路上最大的阻碍就是你自己，如果你不想让别人偷走你的梦想，那你就得在被挫折击倒后立即站起来。"是的，不放弃，立即从失败处站起来，向前走，目标才会越来越近。

人的一生不可能总是一帆风顺的，难免会遭受到各种挫折和不幸。成功者和失败者最大的区别就在于，失败者总是把挫折当成失败，每次挫折都会沉重地打击他们追求目标的勇气；而成功者则是从不言败，在一次次的挫折面前，总是对自己说："我不是失败了，而是还没有成功。"一个暂时失利的人如果继续努力，打算赢回来，那么他今天的失利就不算是真正的失利。相反，如果他失去了再次战斗的勇气，那么他是真的输了。

一个拳击运动员说："当你左眼被打伤时，右眼还得睁得大大的，这样才能看清敌人，也才能够有机会还击。如果右眼同时闭上，那么不但右眼也要挨拳，恐怕命都难保！"拳击如人生，即使面对对手无比强劲的攻击，你还是得直面对面的敌人，如果不是这样，就会败得很惨。

茅以升小的时候，家住南京，离他家不远有条河。每年端午节，河上都会举行龙船比赛，这是茅以升最喜欢的一个节日。

有一年过端午节，由于生病，他没有去看龙船赛。这天，茅以升一个人躺在床上，只盼望着小伙伴能早一点儿回来，把龙船比赛的情景讲给他听。伙伴们直到傍晚才回来，茅以升连忙坐起来说："快给我讲讲，今天的场面有多热闹。"小伙伴低着头，半天才说出一句话来："秦淮河出事了！""出了什么事？"茅以升吃了一惊。"看热闹的人太多，把河上的那座桥压塌了，好多人掉进了河里。"听了这个不幸的消息，茅以升十分难过。病好后，他一个人跑到秦淮河边，默默地看着断桥发呆。他想："等我长大了，我一定要做一个造桥的人，我造的大桥一定要结结实实，永远不会倒塌。"

此后，茅以升开始留心各式各样的桥。出门的时候，不管碰到什么样的桥，他都要上下打量，仔细观察，回到家里就把看到的桥画下来。日久天长，他积累了很多造桥的知识。由于勤奋学习，刻苦钻研，经过长期的努力，茅以升终于实现了自己儿时的梦想，成为一位成就非凡的桥梁专家。

面对梦想，我们每天都在为之努力着。累是在所难免的，累也是客观存在的，每个人都会有累的时候。面对累，我们能做的，不是受它的奴役，更不是自此放弃，而是不说出它，并积极转移它，让它成为前进中的动力。只有努力坚持，梦想才能成为现实。

成长智慧

"他说风雨中，这点痛算什么，擦干泪，不要怕，至少我们还有梦……"是的，只要梦想不曾破灭，只要不曾放弃追求，我们就不用担忧什么，惧怕什么。一直坚持下去，梦想总会有实现的时候。

没人能随便成功,经历风雨才能见彩虹

如果你问一个善于溜冰的人怎样获得成功时,他会告诉你:"跌倒了,爬起来",这就是成功。——牛顿

"把握生命里的每一分钟,全力以赴我们心中的梦,不经历风雨怎么见彩虹,没有人能随随便便成功。"《真心英雄》里简简单单的几句歌词,为我们道出了多少成功路上的艰辛。是的,成功不是经常挂在嘴边的一句话,而是需要付出努力的。在生活中,努力了尚且不一定会成功,不努力对我们来说更没有一点成功的希望。

一起来看看下面这个故事。

吴碧霞被称作是在民歌和歌剧里穿行的"中西合璧的夜莺"。20世纪90年代,吴碧霞以专业和文化课第一的成绩考入了中国音乐学院附中。就在那一年,她的父亲患了喉癌。父亲的患病使一直深受家庭宠爱的吴碧霞骤然长大,入学的第一天,她就在自己的日记本上写下了对自己的要求:一是要求自己各科成绩都在95分以上;二是争取保送进大学。凭着聪明、悟性和勤奋努力,附中毕业的时候,吴碧霞的目标实现了,她顺利地升入了中国音乐学院。

在刚开始学习美声唱法时,吴碧霞给自己制定了一个目标:

三年之内参加一次国际声乐比赛。

2000年，上海举办了一次国际声乐全国选拔赛。老师对她说，可以去试试看。但要参加国际比赛，选手必须能演唱多种语言的外国作品。当时吴碧霞已经掌握了意大利、俄语的作品，但是，她还差德语和法语作品。当时离比赛只有一个月的时间，而吴碧霞必须在短短的一个月时间内，拿下包括德语、法语在内的8首作品。经过不懈的努力，吴碧霞在一个月之内真的达到了目标。对此，老师也感到很吃惊。

吴碧霞参加了选拔赛，结果拿了第一名，她被派参加半年之后在西班牙举行的毕尔巴鄂国际声乐比赛。之后，又经过不懈的努力，她在西班牙毕尔巴鄂国际声乐比赛上夺得了第一名。这时，吴碧霞才感受到，自己多年的努力终于在这一刻有了回报。

吴碧霞回忆自己的过去时，曾这样说："就像歌里唱的，没有人能随随便便成功。"但她高兴的是，她的努力得到了回报。

成功对于任何一个人来说，都不是偶然的。歌唱家吴碧霞从进入音乐学院，到实现自己的梦想，其间有10多年的时间，一直在为梦想而艰苦地努力着。也许我们在银幕上会看到吴碧霞光鲜亮丽的一面，可是，我们没有看到幕后她每日的艰苦排练。有些人在我们看来好像一夜之间就成功了，实际上我们看到的只是一个表象而已。

不努力，谁也不会取得杰出的成就。你发现自己在某个领域具有天分，一开始就超群出众，这是件美事，但是它对我们来说，只是一个雏形而已。大量的事实表明：甚至最有才艺的人也需要大约10年的勤奋努力才能成为世界级的人物。研究人员把它称为"10年定律"。

16岁就成为象棋大师的博比·费希尔,对这个"10年定律"也有一番解释,"10年定律"对于他来说是适用的。因为,16岁之前,他进行过长达9年的集中强化学习。正如约翰·霍恩教授所说:"10年定律是一种非常粗略的估计,多数研究人员认为这是需要的最低限度的时间,而不是平均需要的时间。"在许多领域(如音乐、文学),精英们往往需要二三十年的经验才能到达他们的顶峰。

例如,创业成功的希望对于今天的很多人而言,充满着诱惑。创业成功意味着自己能够变身为领导者,可以将自己的职业人生价值最大化,但我们必须理性地面对一个近乎残酷的现实,那就是创业成功的概率是非常低的,大概只有百分之几,大多数的创业者并没有真正梦想成真。其原因就是,很多人付出的努力还远远不够。要知道,唯有付出了足够的努力,才能获得成功。

很多人都认为,那些成功者的运气都很好,其实,没有一个人能随便成功。一位名人说:"只要你不害怕,坚持就一定能成功,成功往往是通过最笨的方法实现的。"

成长智慧

不要让"少壮不努力,老大徒伤悲"成为现实。要知道,每一个人成功的道路上,都洒满了汗水和艰辛。要知道,只有肯努力,才能获得成功。

再见吧,拖延症

学会了忍耐和等待,也就学会了怎样去努力

善于等待的人,一切都会及时来到。——巴尔扎克

有一句话这样诠释成败:"在成功的道路上,你没有耐心去等待成功的到来,那么,你只好用一生的耐心去面对失败。"这一句话为我们道出了成功的因素,那就是:实现梦想要慢慢地来,不可操之过急。在奋斗的过程中,学会了忍耐和等待,也就是学会了怎样去努力,学会了怎样获取成绩。

在生活和工作中,对待一件事情,很多人常常过于浮躁,急于求成,急功近利。他们刚看见开花,就想得到果实;刚开始做一个事情,就想着马上获得利益;或者,一遇到不顺利的情况就垂头丧气,甩手不干了。其实,世界上的事物很少有唾手可得、一蹴而就的,都有一个发生、发展的过程,很多时候我们需要等待。等待并不是无所事事、空耗时光,并不是不思进取、碌碌无为。在等待的时候,我们可以给自己积累能力、积蓄力量,为努力实现目标创造条件。

有一个年轻人,毕业后被分配到一个海上油田钻井队。在海上工作的第一天,领班要求他在限定的时间内登上几十米高的钻井架,把一个盒子拿给在井架顶层的主管。年轻人抱着盒子,快步登上狭窄的、通往井架顶层的舷梯,当他气喘吁吁、满头大汗地登上顶层把盒子交给主管时，主管只在盒子上面签下自己的名字，就让他回去了。

接下来，领班又让他把盆子送上去让上面的那位主管签字，他不知道为什么来回两次，直到第三次上到顶层的时候，年轻人终于开始感到愤怒了。他尽力忍着不发作，擦了擦满脸的汗水第三次把盒子递给主管，主管看着他慢条斯理地说："把盒子打开。"

年轻人撕开盒子外面的包装纸，打开盒子——里面是两个玻璃罐：一罐是咖啡，另一罐是咖啡伴侣。年轻人终于无法克制心头的怒火，把愤怒的目光射向主管。主管又对他说："把咖啡冲上。"此时，年轻人再也忍不住了，他把盒子"啪"的一下扔在地上，说："我不干了！"说完，他看看扔在地上的盒子，感到心里痛快了许多，

心中的愤怒也发泄了出来。

这时，主管站起身来，然后直视着他说："你可以走了。不过，看在你上来三次的份上我可以告诉你，刚才让你做的这些叫作'承受极限训练'，因为，我们在海上作业，随时会遇到危险，这就要求队员们要有极强的承受力，承受各种危险的考验，只有这样才能成功地完成海上作业任务。很可惜，前面三次你都通过了，只差一点点，你就能喝到自己冲的甜咖啡了，现在，你可以走了。"听了这样的解释，年轻人追悔莫及。

年轻人由于没有足够的忍耐力，最终失去了那份本应该属于他的工作。如果他能在工作面前忍耐一下，等待一下，就完全是另一种结局了。然而，他没有做到，没有品尝到咖啡的香甜，错失了人生中的一个工作机会，也就离自己的目标更远了一步。

人的一生是一个不断成长、成熟、努力拼搏奋斗和追求事业成功的过程。在这个充满艰辛与希望的道路上，不但需要付出辛劳和汗水，而且还需要学会善于等待，学会充分利用难得的机会，把自己努力推上一个更高点。

在一个佛堂里坐满了前来听禅的信徒。

大师的说禅一板一眼，枯燥乏味，加之外面春意融融，很容易让没有耐心的人昏昏欲睡。说禅还没进行到一半，全场的人几乎都打起瞌睡来，只有一个人依然正襟危坐，专心致志地听大师讲解。

看到他听得那么认真，旁边有个人劝他："大家都在打瞌睡，你何必聚精会神听那单调乏味的佛理呢？这哪有睡觉舒服？"

他笑了笑说："你说得对，我也动过想睡觉的心，但就在我眼睛快要闭上的那一瞬间，我突然想，为什么不试试自己在这种情况下的忍耐力有多大呢？听了一半，我觉得自己做得还不够好，我就提醒自己：下次争取忍耐得更好一些。如果以这种耐力去面对人生当中遇到的种种难题，还有什么解决不了的呢？我决定忍耐到底。"说完，他又专心致志地听起来。

数年以后，那个人成了明朝的开国皇帝，他的名字叫朱元璋。

明朝皇帝朱元璋的身上，有一种多数人所没有的优点，那就是忍耐，他能忍常人所不能忍。如果每个人在前进的路途上都能抱着对待事情不急躁、有足够耐力的心态，那么，世上就没有努力后办不成的事。

成功是一个需要付出努力，需要一点点接近目标，一步步实现目标的过程。在这个过程中，我们既要努力进取，同时也要学会等待和忍耐，这是一个人生存与发展的最基本的技能与策略。

成 长 智 慧

俗话说"一口吃不成胖子。"做事也是一样的道理，不可能刚刚走了第一个台阶，就迈进高高的大门。很多事情都有一个过程，千万不可急于求成，操之过急。慢慢来，一点一点向目标靠近，这样才会有迈进成功大门的那一天。

要努力抓住机遇，也要努力创造机遇

当良机出现在我们面前时，我们要及时抓住它们，利用它们，这是生活的一大艺术。——约翰逊

抓住机遇，可能就会改变一生。但问题的关键是，并不是每个人在机遇到来时都能抓住它。机遇是一种神奇的力量，是一个人一生中最为重要的转折点。因此，我们不仅要努力把握住身边的每一次机遇，还要努力创造机遇。

多年以前，有个年轻人，他的第一份工作是进一个大公司当清洁工。在做清洁工时，他做每件事都很认真，他找到了一种拖地板的姿势，不仅拖得又快又好，而且还不容易累。老板观察他很长时间后，断定他是个人才，然后就破格提升了他。

从这个故事中我们可以看到，如果年轻人没有把自己的事情做好，或者说没有做好迎接机遇的准备，那么他是没有资格也没有能力抓住身边的这个机遇的。

机遇总是垂青有准备的人，而这一切的准备都是一个人对于事业坚持奋斗的结果。一个人也只有在确定了人生目标后，才有可能终其一生为之奋斗，在奋斗中积累经验，锻炼魄力，练就敏锐的眼光，从而才有可能抓住稍纵即逝的机遇，并以之为阶梯跃向成功的顶峰。

机遇对任何人来说都是平等的。机不可失，时不再来，能不能抓住机遇，主动权完全在我们手里。

翻开人类奋斗的史册，可以看到，有的人因为抓住了机遇而柳暗花明，从而摘取了成功的桂冠；有的人因为与机遇擦肩而过而山穷水尽，甚至有人为错过机遇而抱憾终生。

在漫长的人生旅途中，也许机遇只会降临一次，也许它会无数次地光顾一个人，但是，你若不能及时地抓住它，它就会稍纵即逝。机遇会帮助我们在苦苦跋涉中来一次人生的飞跃。企盼机遇是每一个渴望成才的人的共同心理，但是，并非人人都有抓住机遇的能力。

在生活和工作中，时常有人这样感慨：给我一个机会，我也能……这种把命运系在别人给予或等待中的人是不会有所成就的。拿破仑曾说："任何人唯一的机遇是他自己创造的。"莎士比亚也说："聪明人会抓住每一次机遇，更聪明的人会不断创造机遇。"

成 长 智 慧

我们的一生会有很多机遇，只要善于发现，机遇其实就在我们身边。聪明的人不仅善于抓住机遇，也善于创造机遇。

每天努力一点点，就会积累大成功

只要持续地努力，不懈地奋斗，就没有征服不了的东西。

——塞内加

从前，有一个乞丐，在路边向别人讨来了三个馒头。他吃完第一个，没有吃饱，吃完第二个，还是没有吃饱，当他吃完第三个的时候，肚子饱了。他突然恍然大悟：原来我只需要吃第三个馒头就能把肚子吃饱了。其实事实并非如此，是因为有前面两个馒头的累积，才使他肚子中的量变发生了质变，才有了饱的感觉。

有一个人拿来一个大铁锤，想把面前的一块大石头锤破。"咚！"一下，没破。"咚！咚！"两下，没破。"咚！……"十下，没破。二十下，三十下，一百下，还是没破。于是，这个人把铁锤往旁边一扔，嘟囔着"什么破石头"，然后生气地走掉了。这时，又来了一个人，他看到石头旁的铁锤，抡起锤子向石头砸过去，"咚"一下，石头居然一下子就被他锤破了。这是不是就可以说第二个人一下子就能把石头锤破了呢？其实不能这样说。只因为有了前面第一个人一百下的积累，所以在第一百零一下的时候，石头才被锤破了。

由此可以看出，大的成功是一个不断积累的过程，而想要达成这个成功的目标，更来源于我们每一天小小的努力和进步。只有功夫到家了，时机成熟了，才能取得大成绩。

每天努力一点点，听起来也许没有冲天的气魄，也许不会有诱人的硕果，也没有轰动的声势，然而再细细地琢磨一下：每天，努力，一点点，简直就是在默默地创造一个意想不到的奇迹，在不动声色地酝酿一个成功的神话。

学习过英语的人也许会有这样的感受：如果每天坚持学习英语，许多天过后，你会奇迹般地发现，自己的英语居然在不知不觉中进步了一大截；而如果三天打鱼两天晒网，那些原本熟悉的英语单词也会渐渐地变得陌生。俗话说得好："苟有恒，又何必三更起五更眠；最无益，莫过于一日曝十日寒。"

可能大多数人会在潜意识里认为，每天不断地学习，那应是在学校里发生的事情，毕业了，该是工作并取得成就的时候了。在这种潜意识的影响下，大多数人的眼睛只盯着薪水、职位，却忽略了自身素质的提高。很多人可能忘记了这样一个事实，那就是：文凭和经历只能代表过去，在以后的工作中，只有勇于负责，每天都有所改变、有所进步，才能够在集体里成为一个像珍珠般闪光的人。

反思一下自己，毕业以来，有多久没有看书了？下班后，又花了多少时间在提升自己上？今天的自己是否比昨天的自己要优秀那么一点？今年的自己是否比去年的自己更能干？自己是否几年如一日地在原地踏步却不自知？

这是一个社会发展日新月异、网络信息技术日益升温的时代，如果每天不学习，不充电，很快就会落伍，就会被这个时代所抛弃。无论在何时何地，我们都不要忘记每天给自己充电，提升自己的能力。一个有干劲的人，每天为自己充充电，就不会被社会淘汰，而且还会为日后更好的发展打下基础。

滴水可穿石。每天为想要达到的目标付出有效的劳动，一点一点地积累，目标就会一步一步地朝我们靠近。不凡见于细微，永恒藏于瞬间。我们所要追逐的成就，就体现在每天的一件件小事上。

人的一生都是在实现自我的过程中度过的。如果每天都能努力比别人多付出一点点，经过日积月累、坚持不懈的努力，定会积小成大，最终成就伟业。

成长智慧

每天努力一点点，会给心灵带来充实和自信。"一点点"才是一个人成功的真谛。一点点的创意，会让我们从同伴中脱颖而出，卓尔不凡；一点点的进取，会让我们信心倍增，快马加鞭；一点点的幸运，会让我们的梦想插上翅膀。每天努力一点点，就会累积大成功。

第五章

不断地努力学习，才能不断地提升自己

现在竞争越来越激烈，竞争不再只是知识与专业技能的竞争，更是一个人学习能力的竞争。学习提升能力，知识改变命运。随着知识、技能的折旧越来越快，一个人只有不断地努力学习，才能不断地提升自己，才能在人群中脱颖而出，进而赢得成功。

善于努力学习的人，生活一定会给他回报

只要心还在跳，就要努力学习。——张海迪

一个人想要有所成就，必须要有不断努力学习新知识的欲望，必须要有向成功人士和杰出同行学习的肚量，然后模仿、运用、调适。如果我们肯为此而努力的话，就会不断地进步，有时候还可能会青出于蓝，超越自己所学习的对象。

一起来看看李嘉诚是怎样通过学习，一步步走上成功之路的。

20世纪50年代中期，李嘉诚揣着强烈的希冀和求知欲，登上了一架飞往意大利的班机，去考察一家公司。

他在一家小旅店安下身，就迫不及待地去寻访那家在世界上开风气之先河的塑胶公司。经过两天的奔波，李嘉诚风尘仆仆地来到了那家公司的门口，但他却戛然止步。他素知厂家对新产品技术的保密与戒备，也许应该名正言顺地购买技术专利。情急之中，李嘉诚想到了一个绝妙的办法：进这家公司去学习。

由于这家公司的塑胶厂招聘工人，所以他就去报了名，被派往车间做了一名打杂的工人。李嘉诚负责清除废品废料，因此，他能够推着小车在厂区各个工段来回走动，但是他的双眼却恨不得把生产流程吞下去。李嘉诚每次收工后，都是急匆匆地赶回旅店，

因为他要把自己观察到的一切记录在笔记本上。

没多久,他对整个生产流程都熟悉了。可是,属于保密的技术环节还是不得而知。于是,在假日,李嘉诚邀请数位新结识的朋友,到城里的中国餐馆吃饭,那些朋友都是某一工序的技术工人。李嘉诚向他们请教有关技术,佯称他打算到其他的厂应聘技术工人。李嘉诚通过眼观耳听,悟出了塑胶花制作配色的技术要领。

最后,李嘉诚满载而归,他终于凭借着自己善于努力学习的才能,一步步地创就了一番大业。李嘉诚对于事业的激情和在工作中学习的态度,值得我们学习。

再来看看下面这个故事。

东在初中毕业之后辍学一直在家。后来,他决定去在城里已经打工三年的表哥那里找一份工作。

表哥做的是力气活,所以,他给东也找了一份同样的工作。东对待自己的工作认真,也肯出力,但他对公司里那些坐办公室的白领却羡慕不已,因为,他们挣的工资是他的10倍。这时,东才意识到知识的重要性。东上班一个月后,就偷偷地利用晚上的业余时间去电脑培训班学习,随后又参加了高等教育自学考试。

打工的钱,东大都用在了学习上。他的表哥教训他:"东,咱们就是出苦力的命,你就别异想天开了。挣几个钱也该娶个老婆养个儿子了,这才是正经事。"东听了不服气,却也不争辩,只是照样看他的书。就这样三年下来,人家挣了两万多元钱,东却只获得了一张自考大专文凭、三个培训班的结业证书和满满三纸箱的书。

有天晚上，公司的库房突然失火，老板急得几乎是要跪着求大家去救火。员工们都不肯出力，因为库房里有易爆物品，抢救过程中可能会发生爆炸，弄不好会丧命的，唯有东救火最卖力。后来消防队来了，火很快被扑灭了。

东的表现给老板留下了深刻的印象。一个星期后，老板把东找到办公室，亲自塞给他一个大红包。老板替东倒了一杯茶，就和东闲聊起来。他没想到眼前这个土得掉渣的打工仔看问题、谈经营极有见地，当下他就拍板让东做了自己的助理。

东做了两年，业绩相当不错。后来，他又被提升为公司的副总经理，而他的表哥却换了无数家公司，干的还是力气活，他的工资只有东的 1/20。

一个善于努力学习的人，生活一定会给予他更多的回报。东从一个打工仔，到成为一家公司的管理者，这绝不是偶然的，而是他通过刻苦学习、努力进取得到的。

只要脚踏实地、任劳任怨，而且还懂得不断地为自己充电，不断地提高自身的素质，就会不断地取得进步。

成 长 智 慧

努力学习，就要掌握最佳的学习方法，就要具备较强的学习能力。要学贵有诚，就是真心实意地学习，而不是走马观花地应付。要学贵用功，也就是下真功夫。要学贵在深，自我满足是学习的大敌。学习必须从不自满开始，无论取得多好的成绩，也不能停顿。要学贵在用，向他人学习，归根到底是为了提高自己。

提升自身素质的同时,要努力提高学习效率

如果学生在学校里学习的结果是使自己什么也不会创造,那他的一生永远是模仿和抄袭。——列夫·托尔斯泰

把喜欢的工作做出色,并带来好的收益,是每个人都希望的,而做到这些,要从哪里入手呢?从每天的学习中入手。在学习中,除了提升自身的素质外,同时也要努力提高学习效率。这样一来,才会成为一个优秀的人才。

"未来唯一持久的优势是,比你的竞争对手学习得更好。"这是彼得·圣吉的忠告。在今天,学习已经成了人们赖以生存的一种手段。

未来的竞争实质上就是学习的竞争,谁学习得更快、理解得更深,谁就会走在发展的前列。在竞争日趋激烈的今天,人们面临着社会、技术高速发展和高频变革的挑战,面临着更新观念和提高技能的挑战,因此,就需要建立终身学习的目标。

通用电气公司(GE)首席教育官、GE 发展管理学院院长鲍勃·科卡伦在《我们如何培养经理人》一文中提出:

"在 GE 内部,一旦你进入了公司,你是来自哈佛大学,还是来自一个不起眼的学校都不重要。因为,一旦你进入公司,你的表现比你过去的经历更重要。如果从事一项新工作,你做得不

是太好，没关系，我们知道你在学习，你能追上来。我们希望员工的表现高于一般期望值，不过，期望值不是一成不变的，期望值会随时间而变化。如果你停止学习，一段时间内一直表现平平，而期望值因为竞争的关系，因为客户需求，因为技术进步而上升，而你却不再学习，你就有可能被淘汰。要知道在企业中，期望值年年上升。如果你今年的销售额达到了2000万美元，那么你明年的销售额就要达到2200万美元，而在接下来的年头里，你需要做得更多。

"如果你停止学习，从个人的角度看这个问题，就像水在上涨，而你就站在那里，你不会游泳，就被淹死了。这对你个人和事业来说都是一件坏事。

"对于职场人士来说，学习是十分重要的。从不懂到懂，直到成为专业能手，就是一个不断学习实践的过程。不学习将失去竞争力，好员工永远把'学习，学习，再学习'作为自己的座右铭。在勤奋和好学的基础上，员工也自然而然会在实际工作中产生新思路、新做法，这样的员工才称得上是优秀的员工。"

在知识经济时代，我们必须注重自己的学习能力，必须勤于学习，善于学习，并且终身学习，才能在这个竞争激烈的社会中立于不败之地。

的确，生活在这个日新月异的时代里，也只有这样去做，才能使自己每一天都能做得更好。同时学习也要讲究方法，改进学习方法的本质目的，是为了提高学习效率，使自己的努力有一个高质量的结果。

学习效率是一个人综合学习能力的体现。在学生时代，学习效率的高低主要对学习成绩的好坏产生影响。进入社会之后，还要在工作中不断学习新的知识和技能，这时候，一个人学习效率的高低则会影响他的工作成绩，继而影响他的事业和前途。所以说，养成好的学习习惯，拥有较高的学习效率，对一个人的发展大有益处。

提高学习效率并非是一朝一夕之事，需要长期的探索和积累。前人的经验是可以借鉴的，但必须充分结合自己的特点。影响学习效率的因素，有学习之内的，但更多的因素在学习之外。这就需要我们每天努力养成一个良好的学习习惯，合理利用时间，另外还要注意"专心、用心、恒心"等基本素质的培养，对于自身的优势、缺陷等更要有深刻的认识。

总之，学习对每个人来说都是终身的事情。在工作和学习中，我们的学习能力提高了，相对的自身全方位的素质也会逐渐提高，这样的努力，对以后的发展无疑是有助益的。

成 长 智 慧

法国作家左拉曾说："知识会使精神和物质的原野变成肥沃的土地，每年它的产品将以十倍的增长率，给我们带来财富。"此话很有道理。我们需要主动地学习知识，努力地提高学习效率，这样才能在学习中提升各方面的素质和能力。

再见吧,拖延症

向错误和失败学习,是一种有益的努力

失败也是我需要的,它和成功对我一样有价值。——爱迪生

古语说:"金无足赤,人无完人。"每个人无论在工作中还是在生活中,都会犯错误。犯了错误不要紧,问题的关键是一个人认识错误的态度。犯了错误不承认,等于错上加错,自欺欺人;为自己的错误找各种理由加以解释,则等于掩耳盗铃,受害的还是自己。因为,对我们最有害的,不是别人的所作所为,也不是我们自身的缺失,而是不能正视这些缺失。一个人能够真正地正视自己的缺点、错误,还能够从失败中吸取教训,这才是一种有益的努力。

道斯·洛尼尔是毕马威公司美国加州分公司的一个"超级员工"。在他的岗位上,他创造出了自己的辉煌:连续 5 年工作无丝毫误差,获得过超过 500 位客户的极力称赞,并在他的公司中获得了同事与主管的一致认可。

洛尼尔刚加入公司时,对公司的运作情况还不是很清楚。刚开始他想得很简单,认为他的工作不过就是算算账而已,然而接下来的一系列失误让他认识到工作绝不像他想的那样简单。在他开始上班的第一个月,他交给部门经理的一张报表就出现了一个相当大的漏洞:在一项金融计算中,存在一个他没有使用过的计算公式,结果,错用了那个计算公式使计算结果出现了很大的误差。

部门经理让他重新做这张报表。洛厄尔对第一张报表的失误非常重视，他认识到自己的专业知识还有很多的欠缺。于是，他从那个计算公式入手全面系统地重新学习了相关知识，并成了这方面知识的专家。但是，这并不是说从那以后他就再没有遭遇过失败，恰恰相反，他遇到了各种各样的失败，但他已经养成了从失败中学习的习惯：与客户面谈失败之后，他从中学习经验教训，最后成了一个与客户交流的高手；第一次开发新的客户，对方并不接受，总结失败教训，他最后做到了一个人开发了分公司15%的客户……这一切的成就都来自于他不断的努力。

总结经验，学习经验是一个人进步的阶梯，可以使我们离成功更近。"失败是成功之母"，从失败中吸取经验教训，能让人少走很多弯路。

有五只骆驼在沙漠里吃力地行走，它们和主人及其他的骆驼走散了，前面除了黄沙还是黄沙，它们只能凭着最有经验的一只老骆驼的感觉往前走。

不一会儿，从它们的右侧方向走出一只精疲力竭的骆驼。原来它在一周前就与主人走散了。其中四只年轻的骆驼轻蔑地说："看样子它也不是很精明啊，还不如我们呢！"

"是啊，是啊，别理他！免得拖累咱们！"

"咱们就装作没看见，它对我们可没有什么帮助！"

四只年轻的骆驼你一言我一语，都想避开这只骆驼。老骆驼终于开腔了："它对我们会很有帮助的！"

老骆驼热情地招呼那只落魄的骆驼过来，对它说道："虽然你也迷路了，境遇比我们好不到哪里去，但是，我相信你知道往哪个方向走是错误的。这就足够了，和我们一起上路吧！有你的帮助我们会找到主人的！"后来，它们果然找到了主人。

在日常生活中，我们要能从别人的失误中寻找机遇，从别人的失败中学习经验，这对我们努力的方向来说是一种帮助。把别人的失败当成对自己的忠告，非常有利于个人成长。

美国的基姆·瑞德先生曾从事过沉船寻宝的工作。

有一天，他偶然看到一只高尔夫球因为打球者动作失误掉进了湖水中。刹那间，他仿佛看到了一个机会。从那以后，他在各种高尔夫球场的水障湖中捞起了数以十万计的高尔夫球，后来，他干脆成立了收购公司，从别的打捞者手中收购。他的总收入，在数年中就达到了 800 万美元之巨。对于掉入湖中的高尔夫球，别人看到的是失败和沮丧，而瑞德看到的却是财富和机会。

有人说，成功的过程大多相同，而失败的形式却各不一样。失败有时候比成功能教给一个人更多的东西。在为自己的目标而努力的时候，一个聪明的人不需要每件事都去经历。如果能从别人的失误中吸取教训，那么将会少走很多弯路，会使自己越来越出色，并能逐渐走向成功。

成 长 智 慧

每个人都会犯错误，也都会遭遇失败。在错误和失败面前，自责和沮丧是无济于事的，重要的是要吸取教训，向错误和失败学习，这样才能避免以后犯错误，才能避免以后遭遇失败。怀着谦虚谨慎的态度，向错误和失败学习，更能使自己进步。

进行自我反省，努力修正自己

名人名言

反省是一面镜子，它能将我们的错误清清楚楚地照出来，使我们有改正的机会。——海涅

一个人之所以能够不断地进步，与努力中不断地自我反省有必然的联系。做一件事情时，找出自己的缺点或者做得不好的地方，然后不断改正，以追求完美的态度做事，你就能取得一个又一个的成功。

英国著名小说家狄更斯对自己有一个严格的要求：没有认真检查过的作品，绝不轻易地公诸于众。每天，狄更斯会把写好的内容一读再读，从中发现问题，然后不断改正，直到自己满意为止。

法国小说家巴尔扎克也会在小说写完后，花上一段时间不断修改，直到最后定稿。这一过程往往需要几个月甚至几年的时间。

正是这种不断自我反省、自我修正的态度，让这两位作家取得了非凡的成就。

曾子曾说，"我每天多次自我反省：为别人办事是不是尽心竭力了？和朋友交往是不是做到诚实了？老师传授的学业是不是复习了？"正是曾子这种善于反省自己的学习态度，使孔子认为他能够继承自己的事业，所以特别注重传授自己的学业

给他。

曾子对他的学生子囊讲什么是勇敢时，引用孔子的话说，"你喜欢勇敢吗？我曾听孔子说过什么是最大的勇敢：自我反省，正义不在自己一方，即使对方是普通百姓，我也不恐吓他们；自我反省，正义在自己一方，即使对方有千军万马，我也勇往直前。"由此可见，我们古代的先贤圣人，无不是在每天的反省里提高自己为人处世、做学问的能力的。

在生活和工作中，我们也应学会自我反省、自我修正。一个善于自我反省的人，往往能够发现自己的优点和缺点，并能够扬长避短，发挥自己的最大潜能；而一个不善于自我反省的人，则会一次又一次地犯同一个错误，以至不能很好地发挥自己的能力。

一个小伙子大学毕业后，进入一家非常普通的公司工作。公司安排新员工从基层做起。其他新员工都在抱怨："为什么让我们做这些无聊的工作？""做这种平凡的工作会有什么希望呢？"小伙子却什么话都没说。他每天都认认真真地做领导交给他的工作，而且还帮助其他员工做一些最基础、最累的工作。他工作态度端正，做事情常常又快又好，更难能可贵的是，小伙子是个非常有心的人，做什么事情出现了什么问题，他都详细地记录下来，然后再虚心地向老员工请教，大家也非常乐于教他。经过一年的磨炼，小伙子掌握了基层的全部工作要领，他很快被提拔为车间主任；又过了一年，他成了部门经理，而与他一起进厂的其他员工，却还在基层抱怨着。

小伙子是一个非常有心的人，他不仅没有小瞧自己平凡的工作，而且对待工作还很认真。通过主动学习以及经常反思不足，他不仅进步很快，而且得到了提拔。这个小伙子是善于自我反省，努力修正自己的。

善于反省自己，就是在遇到问题时"照镜子"，不断洞察自己的不足，时刻保持一颗平常心、感恩的心和宽容的心。善于反省自己，就是不断总结前一段的工作，仔细分析自己为什么没有做到完美，然后找出解决问题的办法，并制定出下一步的工作目标，努力使自己朝着这个目标前进。即使做不到，自己也会为自己的每一点进步感到欣慰。久而久之，工作中的问题逐渐解决了，工作方法也会有很大的改变。

反省同时也包括对别人的经验教训的思考和总结。个人的经验教训虽然来得更直接、更真切，但其广度和深度毕竟有限，要获得更加广博而深刻的经验，还要在反省自身的基础上，从别人的经验教训中学习。记得一位哲人曾说："成本最低的财富是把别人的教训当作自己的教训。"倘若人不但能反省自己，还能反思别人，善于从他人的经验教训中得到启示，那么人们就可能取得同样的成功，避免同样的失误。

在少数人的潜意识里，会把反省认为是只有老年人才会做的事情，一个雄心勃勃、上进的人会将之视为一种做事不果断的行为。其实，反省对于任何年龄的人都是有必要的，而作为一个年轻人，更要善于反省自己，因为年轻人走的路少，在发展的道路上很容易出现失误和差错，后面的路还很漫长，所以反省就更有必要、更有价值了。

综上所述，一个人的反省行为，归根到底是一种从认识到实践的过程。歌德曾说:"知之尚需用之,思之犹应为之。"每个人除了要善于反省自己,还要善于将反省的思考付诸实践——努力修正自己。

成 长 智 慧

  一个人要想让自己在工作中、学习上或者为人处世时有所进步和提高,得到更多人的肯定和认可,有一个很容易的方法,那就是经常反省自己的不足之处和学习别人的经验教训。这是一种学习能力。每天进行自我反省,改正自己的缺点和不足就是进步,坚持下去,你将受益匪浅。

保持谦虚的心态，才能让自己不断进步

一切真正的和伟大的东西，都是淳朴而谦逊的。——别林斯基

生活在这个社会上，每个人都要与其他人交往，而要处理好身边的人际关系，做一个人人都喜欢的人，重要的一点就是永远保持一种谦虚的态度。否则，别人就会拒你于千里之外，这时就算有再高明的想法也难行得通。要知道，只有永远保持谦虚的心态，才能使人进步，才能使人真正地成长起来。

谦虚不是虚伪，更不是虚弱，而是低下头来尊重他人，人尽其才，物尽其用。谦虚，不能事事争第一，而应该处处为他人着想，通过多年来的工作实践，时刻保持谦虚的心态，以自己的行为带动周围的人，促使大家一起进步。

谦虚也不等于自卑。自卑者在别人要把一项工作交给他时，他会说"我做不到""我太差了"等消极的语句，把自己放到最低等的位置上，而谦虚的人则是在取得了好成绩时不骄傲，只是说"我还需要努力""我还不够棒"之类的话语。

具体来说，谦虚是指做人不自满，肯接受批评，并虚心向人请教。有真才实学的人往往虚怀若谷，谦虚谨慎；而不学无术、一知半解的人，却常常骄傲自大，自以为是，好为人师。谦虚是一个人进取和成功的必要前提。

有一回，齐国的国君要封扁鹊为"天下第一神医"，然而扁鹊却坚决不接受，他说自己并不是"神医"，自己两个哥哥的医术都比他的高明。国君闻之稍感不解，问道："既然你两个哥哥的医术都在你之上，为何此二人名不见经传？"扁鹊答道："我二哥扁雁能够治大病于小恙，在那些重大疾病只出现微小症状之时，就能加以诊断并及时根治，所以，他只是在家乡的村里小有名气，村里人知道有小毛病可以去找二哥。而大哥扁鸿的医术更加出神入化，能够防病于未然，他只要看人一眼就可以判断出这个人可能有什么毛病，然后在其得病之前对其及时医治，所以，只有家里人知道大哥的医术高明，连村里人都不知道大哥的水平。只有我扁鹊，既不能治大病于小恙，又不能防病于未然，等到我妙手回春时，病人已经病入膏肓了。所以，我的两个没有名气的哥哥才是神医，而我只是名满天下的名医。"

扁鹊就是这样一个如此谦虚的人。"神医""君子"的尊称对于他来说是当之无愧的。

一次，徐悲鸿正在画展上评议作品。一个乡下老农上前对他说："先生，您这幅画里的鸭子画错了。您画的是雄麻鸭，雌麻鸭尾巴哪有那么长的？"原来徐悲鸿展出的《写东坡春江水暖诗意》，画中麻鸭的尾羽长且卷曲如环。老农告诉徐悲鸿，雄麻鸭羽毛鲜艳，有的尾巴卷曲；雌麻鸭毛为麻褐色，尾巴是很短的。徐悲鸿接受了批评，并向老农表示了深深的谢意。一个成功而又谦虚的人，总会让人敬仰。

京剧大师梅兰芳先生，不仅在京剧艺术上有很深的造诣，而且还是丹青妙手。他拜名画家齐白石为师，虚心求教，总是执弟子之礼，经常为齐白石磨墨铺纸，从不因为自己是名演员而自傲。

梅兰芳不仅拜画家为师，他也拜普通人为师。有一次，他在演出京剧《杀惜》时，在众多喝彩叫好声中，他听到有个老年观众说"不好"。梅兰芳来不及卸装更衣，就用专车把这位老人接到自己的家中，他恭恭敬敬地对老人说："说我不好的人，是我的老师。先生说我不好，必有高见，定请赐教，学生决心亡羊补牢。"老人指出："阎惜姣上楼和下楼的台步，按梨园规定，应是上七下八，你为何八上八下？"梅兰芳恍然大悟，连声称谢。以后，梅兰芳经常请那位老先生观看他演戏，请他指正，称他为"老师"。梅兰芳先生无论是做人还是立业，都使我们每个人感动和佩服。

谦虚的例子不胜枚举。那些成功的人都有一颗谦虚的心，他们不因为自己的不凡而瞧不起身边的人，这种精神值得我们每个人学习。

谦虚是一种气质。谦虚的人，内心是平和的，表情也是平静的，他们没有丝毫的紧张，没有丝毫的失落。有的只是平稳镇静，让人有一种亲近的感觉，给人一种舒畅的味道。

谦虚是一种品质。这种品质是美的，拥有谦虚品质的人，易使人接近，也让人尊敬，大家都喜欢谦虚的人。

谦虚的人还容易与其他人打成一片。有了谦虚的心态，他们就会表现出一定的姿态，但凡谦虚的人，身边都会有好的生活工作环境，也都有一个美好的未来。有这样的名片在手，他们终身都会受益。

总之，一个谦虚的人，其将来的进取和发展是永无止境的。因为，他们永远都保持着谦虚的态度，不骄傲，不满足。在生活和工作中，一个谦虚的人不仅不会伤害他人，还能够鼓励他人，更能使自己不断地成长。谦虚是一种既利人更利己的美德。做人就要使自己成为一个谦虚的人，这样才能提高自身各方面的素质，使自己的努力有成效。

成 长 智 慧

　　法国思想家卢梭这样谈自己对谦虚的看法："伟大的人是绝不会滥用他们的优点的，他们看出他们超过别人的地方，并且意识到这一点，然而绝不会因此就不谦虚。他们的过人之处越多，他们越认识到他们的不足。"这句话适用于我们每个人。谦虚之人虚怀若谷，博采众家之长，只要再加上努力，一定可以成大器。

第六章

吃苦是一种努力，更是一种资本

那些成大事者，都是能吃苦耐劳之人。屠格涅夫说："你想成为幸福的人吗？那你首先要学会吃苦。"吃苦对一个人来说，是一种努力的体现，更是人生的一种资本，这种资本会转化为幸福与财富。一个人只有吃得苦中苦，才会成为人上人。

在苦难中依然努力的人，才会成为强者

名人名言

苦难对于天才是一块垫脚石，对能干的人是一笔财富，对弱者是一个万丈深渊。——巴尔扎克

虽然没有人愿意经历苦难，但一个人在苦难中可以磨炼出许多宝贵的品质。

获得诺贝尔文学奖的挪威作家克努特·汉姆生，曾是移民，他一生中尝试过许多事情但均以失败而告终。最后，在绝望之中，他把所有失望的故事写成了一本书，书名叫《饥饿》，没想到这本书让汉姆生赢得了诺贝尔文学奖。从此，来自世界各地登门求稿的出版商络绎不绝，他也名扬四海。

对于作家来说，苦难可以成为他的珍贵的人生阅历，丰富他的见识，加深他的思想。

美国著名作家杰克·伦敦于1876年出生在美国加利福尼亚州一户破产农民的家里。在他10岁左右的时候，父亲破产失业了，从这时起，他便不得不分担家里生活的忧愁。

他走街串巷当报童，到车站卸货车，到滚球场帮助人竖靶子……总之，为了活下去，他什么都干，他把挣来的每分钱都交给家里。正如他后来说的："差不多在早年的生活中我就懂得了责任的意义。"

14岁时，杰克·伦敦小学毕业，他进了一家罐头厂当童工。后来又到麻纱厂看机器，到发电厂烧锅炉。在工厂里，他饱尝了资本主义制度下童工生活的苦难：每天在非人的条件下常常要工作十八九个小时，直到深夜11点才能拖着疲劳不堪的身子回家。后来，他回忆这段生活时，愤慨地说："我不知道在奥克兰一匹马该工作多少钟点。"他说自己成了"劳动畜生"。

1893年，杰克·伦敦17岁时，受雇到一条小帆船上当水手，海上的生活苦不堪言，可是，这次航海却增加了他的见闻，也磨炼了他的意志，成了他后来写作一系列海上故事的生活基础。不久，他因为"无业游荡"被捕入狱当苦工。

出狱后，他刻苦自学，但由于家里一直太贫穷，他直到18岁才上中学，紧接着，又因为生活维持不下去而中途辍学。1896年，他靠自修考上了加利福尼亚大学，可是只读了一个学期，便因缴纳不起学费而退学。

失学后，他一边在洗衣店做活，一边开始业余写作，希望用稿费来补贴家用。可是，当时稿费不仅低，而且时常拖欠。有时候他为了马上得到稿费，甚至要跑到杂志社与出版商干上一架。

后来，杰克·伦敦又随众人到遥远的阿拉斯加去当淘金工人。他历经千辛万苦，由于缺乏营养，劳累过度，患上了坏血病，几乎使他的下肢瘫痪。但是，北方壮丽的自然景色，淘金工人的苦难生活，印第安人的悲惨遭遇，却给他的文学创作提供了丰富的素材，如小说《渴望生存》便是他当时的收获之一。

苦难的刺激与磨炼，使杰克·伦敦成为一个具有特殊气质的作家。成为职业作家后，他16年如一日，每天工作19个小时，他一生共写了 50 多本书，其中仅长篇小说就有 19 部。他的作品从一开始就坚持现实主义的原则，充分表现了生命的伟大、人同困难的斗争、人处于各种逆境中的反抗，给 20 世纪初的文坛带来了一股生机勃勃的力量。

对于这些作家来说，苦难丰富了他们的人生阅历，但即使阅历再丰富，如果在苦难中不执着进取，那么成为一个强者根本就是不可能的事情。

弗兰克曾被纳粹抓入集中营，在集中营里他险些送命，那时，他失去了大部分的亲人，但是，集中营里的痛苦经历促使他思考，使他明白了人之所以为人最重要的本质是：人是一种知道价值、了解价值的大小，并追求价值最大化的动物。因为，价值与意义赋予了人生活的动力、生存的目标。一个人只要有所希望，他的人生就会正常地延续；而当一个人完全没有了目标与追求时，其生命无论存在与否，其生活可以说都已经停止了。

弗兰克在集中营里的最后一段时光，身体已经被摧残得十分衰弱，随时都有可能倒下死去，而他工作的病室内，每天平均死亡六人之多。他之所以还坚持着活下来，主要是因为他寻找到了活下去的理由，活下去的价值——为了与遥不可及的亲人团聚；为了能尽己所能地帮助难友。不仅如此，弗兰克还有一种更高的形而上的追求——人生的选择与自由。

在他看来，虽然在集中营里的囚犯几乎被剥夺了一切权利与自由，他们像一群驯服的绵羊任纳粹分子宰割，但人仍应有选择的自由："人'有能力'保留他的精神自由及心智的独立，即便是身心皆处于恐怖如斯的压力之下，也无不同。"弗兰克医生说，在全体俘虏都受到致命的饥饿摧残时，仍然有一些人到各处去安慰别人，并且把自己仅剩的一片面包让给他人。虽然这样的人非常少，却足以说明："人所拥有的任何东西都可以被剥夺，唯独人性最后的自由——也就是在任何境遇中选择一己态度和生活方式的自由，不能被剥夺。"人在集中营这个人间地狱中生活，可以选择当一个告密者，以换取一点可怜的食物；也可以当一个献媚者，以被提拔成一名狱头，苟延残喘地多活一段时间；但是，当然也能够选择做一个心地仁慈者，充实而坚强地活着。这就是所谓选择自己生活的态度与方式的自由。在弗兰克先生看来，即便是在最为悲惨的境况里，这仍然是人不可完全被剥夺的自由。

弗兰克走出集中营后，并没有消极地度过余生，他努力地创设了"意义疗法"，成为当时继弗洛伊德和阿德勒后的第三大心理治疗流派。他将其后的毕生精力投入到帮助痛苦中的心理疾病患者寻找生命的意义。弗兰克说："我们每个人都有自己心中的集中营……我们必须去面对，带着宽容，带着耐心——如同一个真正的人，如同我们现在与将来要成为的那个人。"

弗兰克认为，追寻自己存在的意义是独属于人的原始驱力，而许多去找他进行心理求助的人，并非出于有心理疾病，而是他们对所经历所承受的东西寻不到意义，痛苦源自没有价值感的空虚。"知道自己为何而活的人，就能承受几乎所有境遇中如何去活的问题。"意义疗法的目标之一，就是引导患者发现所正经受的痛苦的意义，知道为何要承受，也就能坦然地承受了。

从上文我们可以看出，历经了苦难会使我们的精神财富极为富有。如果在苦难中还能为自己的梦想而努力，那么历经的所有苦难会增长我们的见识，促使我们深入地思考人生的本质，了解人生的意义，发现人生的真谛，使我们的思想得到升华。换句话说就是，在苦难中依然努力的人，才会成为强者。

所以，在为自己的梦想奋斗、努力的过程中，不要担心会吃苦头。我们要把吃苦当作一件再正常不过的事情，是经过黑暗走向黎明的一个过程，更要永远把一句话记在心底："吃得苦中苦，方为人上人。"

成 长 智 慧

很多人只看到别人成功的光彩，而看不到他们光彩背后所经历的苦难。一个人所历经的苦难和挫折，都将是他一生中最珍贵的一笔财富。事实证明，一个人所经历的苦难越多越大，那么他取得的成就往往就越大。

一再努力尝试，失败就会转化为成功

不论成功还是失败，都是系于自己。——朗费罗

任何一个在成功路上艰难跋涉的人，都不可避免地要遇到失败。就像一个人要生存就必须经历白天和夜晚一样，逆境就等于是黑夜。倘若一个人想要做成大事，就必须要学会正确地对待失败。

该亚·博通早年埋头于发明创造，他先是发明了脱水肉饼干，但他的发明却没有给他带来多少好处，相反，更使他在经济上陷入了窘境。有了第一次失败的教训，又经过两年反反复复的实验，他终于又制成了一种新产品——炼乳，并决定把它推向市场。

博通的工厂是由一家车店改造的，租金便宜。在刚开业时，博通每天花18个小时在工厂里指导生产方法，监督生产程序，检查卫生清洁情况。由于附近有纯正、营养丰富的牛奶供应，因而炼乳的成本也比较低廉。

于是，博通小心地挑选了一位社区领袖作为他的第一位顾客，因为这位社区领袖对炼乳的意见，会有助于博通巩固新公司以及新产品在该地区的地位，可喜的是这位社区领袖对产品表示了赞赏。但是，由于当时当地顾客的习惯是把掺有水分的牛奶放入一些发酵品进行蒸馏，他们觉得炼乳稀奇古怪，所以很少有人问津。

博通出师不利，甚至到了山穷水尽的地步——他的两位合伙人为此都失去了信心，第一家炼乳厂就这样被迫关闭了。

在失败面前，该亚·博通破釜沉舟，在此基础上又建起了一个新厂，他的不懈努力有了成效，他的第二次尝试终于获得了成功。他的公司在他逝世时，已根深蒂固，在当时已成为美国具有领导地位的炼乳公司。

在博通的墓碑上，写着这样一段墓志铭："我尝试过，但失败了。我一再尝试，终于成功了。"这是博通对自己一生的总结。

我们再看一看保罗的故事。

保罗的父亲留给他一座美丽的森林庄园，他一直为此自豪。可是一年深秋，一道突然而至的雷电引发了一场山火，无情地烧毁了保罗那座郁郁葱葱的森林庄园。

悲痛欲绝的保罗决定向银行贷款，以恢复森林庄园往日的勃勃生机。可是银行拒绝了他的请求。沮丧的保罗茶饭不思地在家里躺了好几天，太太怕他闷出病来，就劝他出去散散心。

心情烦闷的保罗在走到一条街的拐角处时，不经意间看到一家店铺门前人山人海，他走过去才知道，原来一些家庭主妇在排队购买用于烤肉和冬季取暖用的木炭。看到那一截截堆在箱子里的木炭，保罗忽然眼前一亮。回到家后，保罗马上雇了几个炭工，把庄园里烧焦的树木加工成优质木炭，分装成1000箱，送到集市上的木炭分销店，没过多久，他的木炭就被抢购一空。保罗在第二年春天的时候购买了一大批树苗，他的森林庄园又恢复了生机。

当遇到困难时，退缩不会使事情有任何进展，但如果把困难当作前行的动力和磨炼意志的垫脚石，往往就能使事情由坏变好，由失败变为成功。

某公司一位高级负责人，由于工作严重失误造成了500万美元的巨额损失。为了此事，他的心里十分紧张。许多人向董事长提出应把他革职查办，但董事长却认为一时的失败是企业家精神的"副产品"，如果能继续给他工作的机会，他的进取心和才智有可能超过未受过挫折的常人，因为挫折是对有进取心的人的最好激励。

第二天，董事长把这位高级负责人叫到办公室，通知他调任同等重要的新职。这位负责人十分吃惊地说："为什么没有把我开除或降职？""若是那样做，岂不是在你身上白花了500万美元的学费？"此后，这位负责人用毅力和智慧为公司做出了卓越的贡献。这位董事长也迎来了他事业中的新发展。

在一个公司中，下属有时会偶尔在工作中犯下一个错误。在下属犯错误时，不少领导对此事的反应常常是训斥甚至责骂。其实，这样做并无助于问题的解决。既然错误已经犯了，我们就只能在如何减少错误的损害程度和避免重犯上下功夫，使错误成为通向成功之路的垫脚石。上面的那位董事长聪明过人，员工的失误对他来说是一个不小的损失，但是他并没有对下属做出什么过激的行为，而是想办法弥补失误，使它有利于公司的长远发展。

失败对每个人来说，不是一件可耻、使人抬不起头的事情，相反，一个人人生中最大的光荣，就在于他能乐观地面对生命，屡仆屡起。日本著名跨国公司"松下电器"的创始人松下幸之助曾说："自古以来的伟人，大多是抱着不屈不挠的精神，从逆境中挣扎奋斗过来的。"

从上面的例子中，我们都看到了一个个成功人士在逆境中挣扎前进的脚步。

失败对于一个正在努力拼搏的人来说，似乎是横在面前的一道沟。然而，只要能够正确地对待它，你就会发现，失败其实是练就奋飞的翅膀的最好工具，是一个人目标实现前的垫脚石。一再努力尝试，失败就会转化为成功。

成 长 智 慧

失败对一个人来说并非是坏事，很多时候，失败是与成功并行的。我们在面对一次次失败时，要把失败当成成功的垫脚石，不懈地继续努力，总有一天会迎来成功的。

如果跌倒了,就再努力爬起来

名人名言

我们最值得自豪的不在于从不跌倒,而在于每次跌倒之后都爬起来。——李嘉诚

人的一生总有一些不如意、跌倒的时候。跌倒了怎么办呢?爬起来,就这么简单。在儿童时期,我们是在一次次跌倒了爬起来再走的过程中长大成人的。对于成年人而言,那么跌倒了更要爬起来。

有一个美国人,6岁时他就失去了父亲。长大后为贴补家用,他进城经商。他先筹资开了一家汽车加油站,加油站营业后,生意并没有他想象中的那么好,更糟糕的是,这时他又遇上了美国有史以来最严重的经济危机,在他苦心支撑近一年后,他的加油站还是倒闭了。

第二年的时候,美国经济开始复苏。他瞅准时机,又开了一家小餐馆,搞起了餐饮服务。因为餐馆的服务周到、饭菜可口,开业后,他的生意非常兴隆。但是,在他还没来得及欣喜时,一场突如其来的大火却将他的餐馆烧了个精光。

面对这两次致命的打击,他曾一度低迷,等他重新调整心态,从低迷中清醒过来后,他觉得自己不能就这么被命运打败,他决定从头开始。于是,他振作精神,又四处筹资开设了一家比以前

规模更大的餐馆。餐馆的生意比以前更加兴隆,就在他重新看到曙光时,在他经营的餐馆附近,一条新的交通要道建成通车,他的店铺为此一下子失去了很多顾客,生意也一下子一落千丈。

经过几次打击和挫折,他人生中最美好的年华已消失殆尽。这年他65岁,已身无分文,他拿到了生平第一张救济金支票,金额为105美元。然而他并没有死心,他手里还保留着一张极为珍贵的秘方,那是从前他开餐馆时的一份炸鸡秘方。他又一次努力地打起精神,开始他的再次创业。5年后,出售炸鸡的餐馆遍布美国和加拿大。在他70岁时,名叫"肯德基"的连锁店在全美达5000家,海外达4000家。他就是我们所熟知的肯德基炸鸡的创始人哈莱德·桑德斯。

命运好像始终在和桑德斯开玩笑,但是,他并没有被面前的

一次次困难所打倒，而是一次次地、坚强地、满怀信心地爬了起来。在今天，当我们进入肯德基店吃肯德基时，就会感受到桑德斯老人的不平凡。

当狂风卷起漫天尘沙扑面而来时，我们会本能地伸出双手护住眼睛，不让沙粒弄伤敏感的部位。当困难来临时，我们更应该拿出勇气迎接它，用我们的智慧和能力战胜它、消灭它。战胜困难，如同咀嚼一枚青橄榄，虽然心中有股难言的苦痛，但慢慢地，你就会从中品出甘甜来。

同时，在生活中不断地克服困难、战胜困难，也是对一个人毅力的最大考验、能力的最大体现，更是展示自身价值的最好条件。所以，不必害怕那些所谓的困难，要相信自己，只要努力，只要不言败，就会有成功的希望。

成 长 智 慧

拿破仑说："人生的光荣不在永不失败，而在于能够屡败屡战。"的确，成功的人不是从未被击倒过，而是在被击倒后，还能够再爬起来，继续努力奋进。对人生抱有这种态度，一定会取得好成绩。

越是身处逆境，越需要努力坚持下去

名人名言

逆境是通往真理的第一条道路。——拜伦

太阳不是每天都时时照耀着大地，果树也不是每年都结果，有光明就会有黑暗，这就是我们所面对的现实生活。即使是那些伟人也会遭受挫折，任何一项发明都是经过成百上千次的失败才成功的。

在生活中，每个人都经历过不幸和痛苦。逆境从外表看虽说是件坏事，但逆境是一剂催化剂，它能使人变得更加成熟。在逆境中，我们能品尝到生活中的苦辣酸甜。在逆境中，很多人常常以为自己山穷水尽了，其实，只要再坚持一下，困难就会过去。

唐朝著名学者陆羽，从小就是一个孤儿，他被智积禅师抚养长大成人。陆羽虽身在庙中，却不愿终日诵经念佛，而是喜欢吟读诗书。陆羽执意下山求学，却遭到了禅师的反对。禅师为了给陆羽出难题，同时也是为了更好地教育他，便叫他学习冲茶。陆羽在钻研茶艺的过程中，遇到了很多困难，这使他很难过，但是他没有放弃自己的目标，更没有放弃学习冲茶。

经过多次的实践，陆羽终于学会了复杂的冲茶技巧，更学会了很多读书和做人的道理。当陆羽最终将一杯热气腾腾的苦丁茶端到禅师面前时，禅师终于答应了他下山求学的要求。后来，陆羽撰写出了广为流传的《茶经》，同时也把中国的茶艺文化发扬光大。

陈平是我国西汉时的名相。陈平少时家中极贫，他与哥哥相依为命。为了秉承父命，光耀门庭，陈平不事生产，闭门读书，却为他的大嫂所不容。为了缓和与大嫂的矛盾，面对一再羞辱，陈平始终隐忍不发，随着大嫂的变本加厉，陈平实在忍无可忍，于是离家，浪迹天涯。一天，一位老者被陈平的求学精神所感动，他慕名前来，免费收陈平为徒并且给他授课。经过一番周折和磨难后，陈平终于学有所成，他辅佐刘邦成就了一番霸业。

我们再来看一下安徒生的故事。

安徒生，丹麦作家。1805年，安徒生出生在丹麦奥登塞镇的一座破阁楼上。他的父亲是个鞋匠，但很早就去世了，他们全家只能靠母亲给人洗衣服维持生活。

安徒生虽然过着十分贫穷的生活，但他却有着远大的理想。刚开始，他决心当一名演员，在他14岁时，他离别了故乡和亲人，独自来到首都哥本哈根。他克服了生活上的重重困难，以坚强的毅力学习文化知识。起初，他想学习舞蹈和演戏，却遭到了拒绝，后来他被一位音乐学校的教授收留，学习唱歌。可是第二年冬天，因为他没有钱买衣服和鞋子，他不断地感冒、咳嗽，声音都嘶哑了，安徒生只好离开了音乐学校。但他从事艺术事业的顽强意志毫不动摇，他便又下决心开始了自己的文学创作之路。那时，他住在一间旧房子的顶楼上，没日没夜地练习写作。经过十几年的辛苦耕耘，他终于踏入了文坛。从30岁开始，安徒生专心从事儿童文学创作，他一生中共写了168篇童话和故事。其中有我们所熟知的《丑小鸭》《皇帝的新装》《卖火柴的小女孩》《夜莺》和《豌豆上的公主》等。

上面这些有成就的人,他们的命运都是极为坎坷和可怜的,但是他们并没有因此就在逆境中倒下,而是在逆境中努力地坚持了过来。风雨过后,就有彩虹,他们都实现了自己的愿望,成为不平凡的人。

当遇到逆境时,我们不应怀疑自己的能力,而要学会在逆境中努力坚持下去。我们要对自己说:"困难在我心中,一定要让它出去。"挺住,再挺住,坚持奋争,直到胜利。

踏出逆境的泥滩,就能走上坦途,迎来新的生活。在逆境中坚持到最后,就会反败为胜,成为一个不平凡的人。

成 长 智 慧

俗话说:"困难是压力,但也是一种动力。困难就像弹簧,你软它就硬,你硬它投降。"在逆境面前,只有正视逆境,直面逆境,不怕逆境,与逆境做顽强的抗争,并且能以坚韧不拔的毅力,在逆境中坚持下去,才会取得成功。

拿出150%的努力，才能超越别人

人一定要靠自己，超越自己。——李连杰

每个人都希望自己的梦想能成为现实，能取得非凡的成绩，可是却很少有人去了解成功的背后都蕴含着什么。当看到奥运会上体育健儿站在领奖台上的时候，当看到明星们在银幕上光彩亮丽的时候……我们也许看到了他们成功时的喜悦，然而，他们在成功的背后付出的艰辛汗水，却是常人无法看到的。

几分汗水，几分收获。在我们身边有这样一个永恒的法则：你付出的越多，上帝给你的馈赠就越多，尤其是对于想获得荣誉和成绩的人来说，更是没有什么别的选择。一个人只有不懈地努力，不断地学习，不停地付出，才能得到常人得不到的成绩。

伟大的成功从来都不是偶然的，它永远属于那些用一生的血汗乃至生命去拼搏的人。我们往往容易过多地乞求成功的辉煌而忽视奋斗和付出的艰辛过程，其实，世界上没有白捡的便宜，俗话说"种瓜得瓜，种豆得豆"，就是这个道理。

成功是要付出代价的，特别是别人做不到的事情，我们想要比别人做得好，就必须付出比别人更多的辛苦和努力。

一所大学的某个班级的同学，在10年后举行了一次聚会。当年同一课堂里听讲的学子，在10后的聚会时有了很大的差别：有的当了处长、局长，有的成了博士、教授、作家或老总；也有的下岗分流，给私人小老板打工，还有的赔本欠债。有几个人不甘心，于是，就去请教当年的班主任。

老师只是一笑，然后出了一道题："10减9等于几？"老师见学生一个个直眉瞪眼的，便说："你们当初毕业的时候，差距也就是10分与9分，不大，但是这以后，有的人继续十分的努力，毫不松懈，10年下来，他得取得多大的成绩？如果你还是九分八分地干，甚至四分五分地混，10年下来，你得拉下多大的距离？"

几个学生顿时恍然大悟，羞愧难当。

的确，只有比别人付出更多的努力，并且一直坚持到底，才能比别人优秀，才能先于别人取得成绩。

一个农民要想比别人多收获粮食，他需要付出比别人多一倍的劳动；一个学生想要取得好的成绩，他需要付出比别人多一倍的努力去学习；一个商人要想获得比别人多几倍的财富，他必须付出比别人多几倍的辛苦。只有学会比别人多吃一点苦，才会收获得比别人多。

卡罗斯·桑塔纳是一位世界级的吉他大师。桑塔纳出生在墨西哥，7岁的时候他随父母移居到了美国。开始时由于英语太差，桑塔纳在学校的功课一团糟。

有一天，他的美术老师克努森把他叫到办公室，说："桑塔纳，我翻看了一下你来美国以后的各科成绩，除了'及格'就是'不及格'，真是太糟了。但是，你的美术成绩却有很多'优'，我看得出你有绘画的天分，而且我还看得出你是个音乐天才。如果你想成为艺术家，那么我可以带你到旧金山美术学院去参观，这样你就能知道你所面临的挑战了。"

几天以后，克努森便真的把全班同学都带到了旧金山美术学院参观。在那里，桑塔纳亲眼看到了别人是如何作画的，他深切地感到了自己与他们的巨大差距。克努森先生告诉他说："心不在焉、不求进取的人根本进不了这里。你应该拿出 150% 的努力，不管你做什么或想做什么都要这样。"克努森的这句话对桑塔纳影响至深，并成为他一生的座右铭。经过很长时间的努力学习，在 2000 年时，桑塔纳以《超自然》专辑一举获得了 8 项格莱美音乐大奖。

桑塔纳的成功对于我们来说是影响深远的。

在为前程而努力奋斗的过程中，我们比别人多付出几分努力，就意味着比别人多积累几分资本，意味着比别人多显露一份才华，意味着比别人多献出一份美德，意味着比别人多创造出一次成功的机会。

成 长 智 慧

当我们羡慕别人成功时，我们应该马上问一问自己："我的付出比他多吗？"没有付出，就不会有收获。我们付出的比别人多，将来才能收获的比别人多。成功就是比别人多付出——别人拿出 100% 的努力，我们就要拿出 150% 的努力。

结束语

在我们身边有很多"空想家",也就是我们所说的爱幻想的人。幻想是一种与生活愿望相结合,并指向未来的想象,它是创造性想象的一种特殊的形式。幻想有积极幻想与消极幻想之分。积极的幻想通常叫"理想",是人在正确的世界观的指导下产生的,这种幻想能激发我们的斗志,鼓舞人心,推动我们去努力学习和工作。一个人,特别是一个年轻人,如果没有这样的幻想,就会变得目光短浅、心胸狭窄,不会为了明天的欢乐而努力克服今天的困难。积极的幻想是一种宝贵的品质。消极幻想的特征是脱离实际,以愿望代替行动,俗话叫作"想入非非",而一个只会空想的人,只会说大话的人,只能是白白地浪费青春和生命。

对于生活中的我们来说,只要丢掉空想的坏习惯,树立正确的目标,积极行动起来,就会把梦想转化为现实。请永远记住:说到不如做到,心动不如行动!请对万恶的拖延症说"再见",请对美好的未来说"你好"。